WOLFGANG MÜLLER

DAS BEWUSSTE
Schöpfer-Sein

Das Vaterunser transformiert zum **Ich-Bin-Dasein**

novum pro

© 2021 novum Verlag

ISBN 978-3-99131-041-9
Lektorat: Lucas Drebenstedt
Umschlagfotos: Alkan2011,
Porntep Lueangon, Igor Buljančević,
Iaroslava Iuzvikova,
Artitcom | Dreamstime.com
Umschlaggestaltung, Layout & Satz:
novum Verlag
Innenabbildungen: siehe
Bildquellennachweis S. 160
Autorenfoto: Troy Fotografie,
Unterführungsstrasse 29, 4600 Olten

Gedruckt in der Europäischen Union
auf umweltfreundlichem, chlor- und
säurefrei gebleichtem Papier.

www.novumverlag.com

Bibliografische Information
der Deutschen Nationalbibliothek:

Die Deutsche Nationalbibliothek
verzeichnet diese Publikation in
der Deutschen Nationalbibliografie.
Detaillierte bibliografische Daten
sind im Internet über
http://www.d-nb.de abrufbar.

Dieses Buch ist auch als
e-book
erhältlich.

Einleitender Meditationstext

6

Meditationstext inspiriert vom Vaterunser – In Freiheit, Achtsamkeit und tiefer Liebe – 11. Juni 2021 in der Zeitwelt

Er kann elektronisch abgerufen werden, um ihn für den privaten Gebrauch zum Beispiel als Bild einzurahmen:
https://geliebtesichbin.ch

Geliebtes ICH BIN

Königlich und herzerwärmend erwacht
und strahlt mein Wesen

Mein Selbst verwirklicht sich
Meine Herzenswünsche erfüllen sich

Durch den Ursprung wirkend im Innen und Außen
meiner Lern- und Erfahrungswelt

Meine Bedürfnisse stillen sich im Glück, im sprudelnden Sein

Ich befreie mich von Schuld und Zwang
in Gedanken und Gefühlen,
verzeihe mir und meinen Mitmenschen.

Ich bin beschützt und begleitet auf meinem Wege,
wirke im Jetzt,
Erkenne meine Fehltritte, Hindernisse und Blockaden,
schreite intuitiv, situativ voran und erfülle meine Berufung.

Denn ICH BIN durch Christus in Gottes Kraft und Fülle,
in jedem Augenblick der ewig ist.

So sei es

Inhaltsverzeichnis

Vorwort

In diesem Buch möchte ich den Leser auf eine Reise mitneh-
men. Auf eine Reise, die es ermöglicht, tiefer in die Zusammenhänge des Daseins zu blicken. Nüchtern, aber ganzheitlich will
ich eine Ansicht geben von uns selbst, und zwar so, wie sie sich
im Alltag bietet.

Es ist ein Versuch, das Gebet des Vaterunsers mit unserem Wer-
degang als einzelnes Individuum im Kollektiv unseres Zusammenlebens in freiheitlicher Weise zu verbinden. Dabei ist der
einleitende Meditationstext „Geliebtes ICH BIN" als Brücke zu
verstehen. Eine Verbindung, die uns selbständig, frei denkenden
Menschen gerne abhandenkommt. Das Bilden von Brücken empfinde ich als eine christliche Tat.

Der kundige Leser wird einen starken Bezug zum Johannesevan-
gelium entdecken können und es ergibt sich ihm die Möglichkeit eines neuen Christusverständnisses.

Es werden sich Ansätze aus esoterischen Quellen und vieles aus
der anthroposophischen Lehre finden. Sie beruhen auf meinem
Lebensweg und ich hoffe ebenso hier eine gute Brücke im Verständnis und im Umgang mit diesen Weltanschauungen geben
zu können.

Die Zeit der Pandemie habe ich genutzt, um dieses lang ange-
dachte Buch zu verwirklichen. Der Meditationstext „Geliebtes ICH BIN" ist bereits Anfang Januar 2013 in der Zeitwelt in
der Grundstruktur entstanden. Die Benennung Zeitwelt drückt
für mich aus, dass ich den Ursprung des Textes außerhalb dessen empfinde.

Möge der Inhalt als Kompass für das Leben in der heutigen Zeit
dienen und uns zum individuellen und zugleich gemeinsamen,
schöpferischen SEIN führen.

Gute Reise.

KAPITEL EINS

Meine Lern- und Erfahrungswelt

Prüfungen und Proben

Es gibt doch Tage, da geht es einem wirklich gut. Man freut sich, wenn der Karren läuft. Alles ist im Lot, die Zeitung ist pünktlich im Briefkasten, der Akku des Handys ist ausreichend voll.

Die Partnerin bekommt ihre Rose geschenkt, und das Wetter lädt dazu ein, sich im Freien zu vergnügen. Popcorn ist genug da, um den laufenden Film doppelt genießen zu können.

Doch nicht immer läuft es rund, sondern Unerwartetes, nicht Ignorierbares, braucht Aufmerksamkeit. Ein fremdes Haar wird vom Partner in der Wohnung entdeckt. Als Betroffener habe ich keine Ahnung, woher dieses kommt, gerate in Erklärungsnotstand. Es reicht nicht, wenn ich später erwähne, dass ich dieses vom Friseur mitgeschleppt habe. Zudem gesellen sich noch weitere Merkwürdigkeiten dazu. Warum stehen zwei gebrauchte Trinkgläser auf dem Tisch und nicht nur eines? Der Wunsch, das Mineralwasser und die Limonade getrennt trinken zu wollen, wird als Ausrede empfunden.

Was will ich tun? Guter Rat ist teuer, falls überhaupt jemand helfen kann. Als Frau kann ich alle Freundinnen anrufen, als Mann stundenlang grübeln oder umgekehrt. Es hilft nichts.

Manchmal denke ich mir, dass mir eine solche Schrecksituation schon einmal begegnet ist. Ich werde angeregt, darüber nachzudenken. Wenn es zum dritten oder vierten Mal soweit ist, beginne ich spätestens aufzuhorchen. Es ist zu hoffen.

Dasselbe gilt für meinen Partner respektive meine Partnerin. Dort offenbart sich ein gespiegeltes Erlebnis gleichzeitig. Dies zeigt sich zum Beispiel später im Gespräch, wenn genügend Abstand zur Situation vorhanden ist.

Es sind Lebensaufgaben oder Lebensprüfungen. Sie kommen
zu mir. Manchmal löse ich sie, manchmal eben nicht. Das Gute
daran ist, dass es doch so manche Chance gibt, um es noch einmal zu versuchen.

Mein innerer Zyniker mag gelegentlich erwähnen: Um meine
Probleme muss ich mich nicht kümmern, denn sie kommen wieder, bis ich sie gelöst habe. Die Mahnungen bleiben aus, wenn
die Rechnung bezahlt ist.

Was steckt doch hier für ein guter Service im Hintergrund? Dies
bemerke ich immer wieder. Was für eine geniale Einrichtung
ist hier am Werk?

So wie ich in den Wald rufe, kommt mein Echo zurück. Ja klar,
Binsenweisheit – oder doch nicht?

Solche Gesetze müssen auch geschmiedet sein. Aufgaben und
Prüfungen müssen doch auch zusammengestellt werden. Große
Ehrfurcht kann ich durch solche geistigen Zusammenhänge erle-
ben. Ich denke, hier dürfen wir mehr Aufmerksamkeit schenken.
Hier zeigt sich im *Wesen* die Lebensschule. Siehe auch [6] und [7].

Auseinandersetzung mit dem Bösen

Immer wieder bekomme ich das Gefühl, dass Dinge an mich herankommen, die mit mir nichts zu tun haben, die ich schlicht nicht verdient habe. Gemein-dumme Umstände, die mich ungerechterweise verfolgen.

**Ja, es gibt sie, die Dämonen.
Sie wirken in uns und durch uns.**

Dies erlebe ich als Wahrheit. Gerne gebe ich hier meine persönlichen Erfahrungen mit. Sie sind als Mitteilungen von Erkenntnissen zu verstehen, die für sich selbst zu prüfen sind und bei weitem nicht eine vollständige Liste bilden.

Ich erlebe sie:

als Angstmacher,
als Durcheinanderwerfer,
als Verdreher von Tatsachen,
als Lügen,
als Nebel verbreitende Qualitäten,
als Herz gefrierende Qualitäten,
als Lärmproduzenten,
als Ablenkungen,
als Verhinderer für ein klares Denken,
als geistige Attacken.

Die größte Gefahr bieten sie, wenn sie nahelegen, sich selbst zu verleugnen. Dies empfinde ich als die größte Sünde.

**Das allerwichtigste ist, sich selbst treu zu sein.
Egal was kommen mag.
Damit ist mein innerstes Wesen, mein ICH geschützt.**

Immer wieder in Erinnerung zu rufen, ist, dass die Dämonen durch uns selbst wirken. Der Kampf findet in uns statt.

**Was wir in uns nicht selbst meistern,
tritt als Böses nach außen.**

Jede Tat hängt ebenso vom momentanen Kontext ab, ob sie gut oder böse wirkt. Auch müssen wir mit unseren Gedanken vorsichtig sein. Auch hier sind wir mit den Mitmenschen verbunden.

Mentale Techniken schützen mich vor geistigen Attacken, welche sich in meinem Inneren oder gar körperlich äußern. Ich kann meinen Schutzengel oder noch stärkere göttliche Kräfte zu mir rufen, wenn ich diese brauche. Ebenfalls der Glaube an seine eigene Kraft, nennen wir sie die „Ich-Kraft", gibt eine positive Rückkopplung in dem Sinne, dass sie dadurch zur Wirkung kommt. Der Glaube versetzt Berge. Siehe auch [9].

Der Angst in die Augen schauen, mit Mut und Liebe begegnen, bringt Licht in den Sachverhalt. Wenn ich dies im JETZT tue, das heißt mit voller Präsenz mit meinem Denken im Moment der Angst, dann löst sie sich auf oder relativiert sich mindestens. Es reicht auch schon, wenn ich merke, dass dies eine Angst ist.

Es ist eine riesige Arbeit, Verdrehungen wieder richtig zu stellen. Auch kann ich, wenn ich Verdrehungen vermute, diese gleich andersrum formulieren und merke dabei, was für eine Wahrheit da drinsteckt, die mich selbst überrascht.

Lügengebäude sind von Zeit zu Zeit mit der Kraft der Wahrheit niederzureißen, oder je nach Aufwand und Möglichkeit gleich im Keim zu ersticken.

Wenn ich im Nebel bin, stelle ich vielleicht mal eine dumme Frage, damit die Vernebelung aufhört und dabei auch meine Kollegen gleichzeitig ermutige, dasselbe zu tun. Das beste Rezept ist das Denken. Damit schaffe ich Klarheit.

Wenn mir das Herz gefriert, stelle ich vielleicht mal Fragen, die sich auf das Gefühl beziehen. Das Denken hat sich im reinen Intellekt verirrt und muss wieder zurückgeholt werden.

Gegen Lärmproduzenten aller Art hilft einfach mal deutlich um Ruhe zu bitten, um es diplomatisch zu formulieren. Das Handy ausschalten, die Türe schließen und andere Störenfriede blockieren und schon sammle ich mich innerlich wieder. Wichtig ist zudem, dass man den Lärm einmal als störend bemerkt, wenn er sich langsam aus einem harmlosen Geräusch entwickelt. Dasselbe gilt für die vielen Ablenkungen im Alltag.

Eine starke Methode ist die Meditation. Dort bin ich. Mit dem stetigen Bewusstsein des ICH mit dessen Verbindung zu höheren Welten kann ich mich aktiv schützen. Und dies in Freiheit und fürwahr im eigenen Interesse.

**Es ist der Bezug zum ICH BIN,
welcher gerne angegriffen wird.
Wenn ich stetig bei mir bin,
verlieren die Dämonen ihr Ziel.
Ich bleibe mir treu**

Die Lüge

Sie vermehrt sich, macht sich breit. Sie wuchert regelrecht. Viele glauben, dass sie wahr ist. Sie ist Thema, bleibt Thema, bis sie bei jedem sitzt, bis wir sie als Tatsache für „wahr" nehmen müssen. Sie ist Teil der Welt geworden.

Aber auf der anderen Seite werden wir wach. Haben wir hier nichts zu sagen? Was meint mein ICH?

Welchen Quellen kann ich trauen? Welchen Quellen kann ich in dieser Sache trauen? Liegt hier nicht ein großer Irrtum vor? Wie kann ich dies prüfen? Gibt es andere Ansichten? Was sagt mein Herz? Wie ist die Sicht der Betroffenen?

Ich beginne zu denken und höre auf mein Herz. Ich suche, beschaffe mir die Informationen und steigere damit meine Wahrnehmung. Ich halte mich vor Hypothesen zurück und suche weiter. Ich suche solange, bis die Lüge sich selbst verrät. Dies stärkt meine Persönlichkeit, mein Ich. Mit jedem Male gewinne ich mehr Routine in der Wahrheitsfindung.

Wahrnehmen und Denken bis zum Erkennen der Tatsachen sind der Weg.

Wenn dies mir nicht gleich gelingt, bleibe ich einfach dran. „Lügen haben kurze Beine." Die Grenzen des Erkennens sind rein zeitlich. Die Wahrheit siegt durch mein Erkenntnisstreben. Dies wirkt gesundend, heilend für mich und mein Umfeld.

Wie viele Lügen werden uns täglich aufgetischt?

Ich finde sie bei den Machthabern, ich finde sie beim Klerus, ich finde sie auch in der etablierten Wissenschaft.

Für die letztere gibt es viele Namen dafür: Modelle, Hypothesen, Annahmen, statistische Äußerungen.

Keime der Wahrheit werden als eher unwahrscheinlich abgetan oder lassen meinen, dies hätte man schon viel früher entdeckt.

Die Strategie dahinter erlebe ich als Lügen-verbreiten-lassen und die Wahrheitsfindung-blockieren-versuchen. Die Auftraggeber und deren Weltbilder schreiben der Wissenschaft den Rahmen vor. Pure Lügen sind die Weltbilder ja direkt nicht. Sie sind Zerrbilder.

Die Wissenschaft ist einseitig. Sie hat Mühe mit dem Gottesbegriff und glaubt vielfach versteckt an einen Menschen als intelligente Chemie-Stoff-Maschine. Dieser Glaube hat einen Namen: Der Materialismus.

Täglich werden wir mit einseitigen Informationen gefüttert. Ein bestimmtes Weltbild wird uns suggeriert, weil wir uns gar nicht die Zeit nehmen oder nehmen können, um alles zu prüfen oder weil wir einfach blind glauben, was uns mitgeteilt wird.

Informationen werden bewusst gefiltert, schlecht benotet oder gar verdreht, wenn sie nicht in das Weltbild passen, oder sagen wir besser, wenn sie den Hütern des Weltbildes nicht passen.

Ein Buch, welches im Zusammenhang mit dem Physiker und Philosophen Heinz von Foerster steht, trägt den Titel „Die Wahrheit ist die Erfindung eines Lügners"(siehe [21]). Darauf entgegne ich vorerst mal schlicht: Und das soll wahr sein?

Inhaltlich empfinde ich dessen Darstellungen des Standpunktes, der verschiedenen Ansichten, als sehr wertvoll. Auch, dass wir eigene Wirklichkeiten schaffen, ist für mich stimmig. Hingegen muss ich darauf hinweisen, dass es aus meiner Sicht ohne die absolute Wahrheit keine Standpunkte und keine Anschauun-

gen davon geben kann. Man würde damit den Ausgangspunkt
der eigenen Beweisführung entziehen.

Zuerst bin ich mir des Objektes bewusst. Danach bin ich mir
des Standpunktes zum Objekt bewusst. Dazwischen ist ein Akt
des Denkens, der die einzelnen Wahrnehmungen miteinander
verbindet. Als Beispiel gilt die Wahrnehmung des Apfels, dessen Abbild im Auge durch die Durchquerung des reflektierten
Lichts und die Nervenströme bis zum Gehirn.

Die Lösung ist simpel. Es existiert eben alles: das Objekt, davon
die Anschauung resultierend aus dem Standpunkte und letztlich
die Vorstellung davon. Die Verbindung von allem liegt im Denken. Und alles ist wahr im Sinne von existent.

Wir können gemeinsame Vorstellungen aus den Anschauun-
gen der Wahrheit erarbeiten. Daraus konstruieren wir unsere
Weltbilder. Sie sind nicht die Wahrheit selbst, sondern eine Anschauung davon, aber beide existieren und beeinflussen unser
Dasein.

Wenn wir etwas konstruieren und damit in die Welt stellen, wird
es real für die gemeinsame Welt, im Sinne von existent. Auch
die bewusst in die Welt gestellten Zerrbilder oder gar pure Lügen beeinflussen unser Dasein – leider.

Meine Darlegungen können beim Lesen Skepsis auslösen. Skepsis werte ich positiv, ist ein Zeichen der Wachheit. Die Wachheit
wiederum ist die Präsenz des eigenen Ich.

Ich bin aufmerksam und benutze mein Denken. Ich gebe anderen Ansichten eine Chance und mein Herz führt mich zur
Wahrheit. Wie bereits erwähnt: Wahrnehmen und Denken bis
zum Erkennen der Tatsachen sind der Weg. Mein Herz in der
Wahrnehmung und mein Willensakt im Denken schließe ich
hier mit ein.

Glauben und Wissen

Nach der Frage der Wahrheit und der Lüge stellt sich gleich die Frage des Glaubens und Wissens. Was weiß ich wirklich und was glaube ich nur? Mit wenig Aufwand weiß ich, was ich glaube und was ich nicht glaube. Ich habe mal so eine Meinung.

Die Sache wird interessanter, wenn ich mir meines Standpunktes bewusst bin.

Ich weiß aus Indizien, dass noch mehr dahintersteckt, im Bereich des Verborgenen liegt.

Als Experte weiß ich in der Regel von wenig sehr viel, als Allrounder weiß ich vom vermeintlich allem sehr wenig.

Mit meinem Denken komme ich zur Klarheit. Damit komme ich zum Wissen. Die Sicherheit bekomme ich, wenn ich mein Denken mit in Betracht ziehe. Ich vertraue zum Beispiel auf dessen Kraft der Logik. Ich kann mein Gedachtes anschauen. Als Philosoph versuche ich gleichzeitig mein aktuelles Denken in dessen Prozess ins Auge zu fassen. Dies eröffnet mir neue Einblicke, die geistiger Art sind.

Als Gemeinschaft besitzen wir ein Kollektivwissen. Bei einem Team ist das Wissen das Resultat der Teammitglieder mit dessen gelebter Arbeitsteilung. Ein spezifisches Wissen ist zum Beispiel das Wissen meines Teamkollegen oder meiner Teamkollegin. Ich kann glauben oder gar fest vertrauen, dass diese Person sich auf dem Gebiet auskennt. Ich „weiß", dass sie es weiß. Ich kann mir sehr sicher sein. Das Wissen des Teams ist vielfach schriftlich in einer gemeinsamen Wissensdatenbank festgehalten. Damit steht es jedem Teammitglied zur Verfügung. Jedoch ist es nicht mein Wissen, solange ich es nicht persönlich zum Beispiel durch eine entsprechende Schulung mir erarbeitet habe.

Weitere Repräsentanten von Kollektivwissen finden sich in den Weltbildern. Sie sind eine Mischung von Glauben und Wissen und entstehen aus der Sicht eines bestimmten Standpunktes. Die Summe von Weltbildern bildet nicht die Wahrheit ab. Dies gilt auch für das Internet, die vermeintlich größte Wissensplattform der Welt. Es gibt Unentdecktes, blinde Flecken, bewusst Ignoriertes, Zensuren oder gar Lügen und vor allem viele Irrtümer.

Das Kollektivwissen ist nicht automatisch mein Wissen. Es bleibt eine Frage des Glaubens, was mir erzählt oder gezeigt wird. Egal, ob dies die Wissenschaft, die Religion oder im Kindesalter der Vater, die Mutter oder der Lehrer ist. Es braucht Kraft, den Stimmen des Wissens wie den Medien und Publikationsorganen usw. die Stirn zu bieten und hinter ihre Argumente zu blicken. Andere Meinungen einzuholen und alternative Quellen zu studieren bringt Abstand und ermöglicht den tieferen Einblick.

Fundiertes Wissen für mich ist es erst, wenn ich es mit meiner Wahrnehmung empfinden, es mit meinem Denken erkennen und mit meinem Tun nachvollziehen kann. Damit ist das Wissen ein Teil von mir geworden, letzten Endes eine eigene Fähigkeit geworden.

Von Seiten des Glaubens wird es irrational, aber nicht minder wichtig für mein persönliches Leben. Woran ich glaube, lasse ich durch mein Herz prüfen, ob es „stimmig" ist. Mein Denken prüft, ob dies im Bereich des Möglichen liegt. Denken mit Herz gibt für mich die gesunde Zielrichtung für meinen Lebensweg.

Vielfach sind es Zeichen, persönliche Erlebnisse, die mich meines Glaubens bestärken. Sie sind bereits ein Wissen, geben mir die Gewissheit von anderen Welten, deren Einblick mir spezifisch gegeben wurde und für Außenstehende in die Frage des Glaubens zu setzen ist. Es ist eben mein Wissen und nicht Wissen der Außenstehenden.

Verschiedene spirituelle Lehren sprechen von der Akasha Chronik, einer Sphäre, in der das Gedächtnis der Welt gespeichert ist. Es gibt Begabte, die darin lesen können. Auch sprechen Lehren von dem eigenen Lebenspanorama, welches wir vor uns haben nach dem Übertritt der Todesschwelle. Es gibt Menschen, die klinisch tot waren, ihre Erlebnisse im Jenseitigen bekamen und nach ihrer Rückkehr ins Leben davon berichten. Für Außenstehende sind diese Erzählungen eine Frage des Glaubens. Dass hier was dran ist, kann anhand des Gefundenen beurteilt werden. Damit wirken diese Menschen für mich glaubhaft.

Wenn ich mit Hellsichtigen zu tun habe, erlebe ich, wie ein Kanal zu höheren Welten vorhanden ist. Geht es doch meist um konkrete Lebensfragen, wo ich erstaunt bin, wie viel diese Personen über mein Leben Auskunft geben können. Die Angaben sind konkret und für mich nachvollziehbar. Die Ratschläge sind konkret und eine echte Hilfe. Je weniger die Hellsichtigen mich kennen, desto ungefärbter und direkter sind die Informationen von ihnen. Sie bilden einen Informationskanal zu meiner Lebensführung, die mich durch und durch kennt. Die Lebensführung ist weisheitsvoll, aus der Liebe heraus und freilassend. Dies sind meine Erlebnisse, ist Wissen für mich und wieder einmal mehr für die Außenstehenden eine Frage des Glaubens.

Mit der Anthroposophie(siehe [4]) hat Rudolf Steiner eine Geisteswissenschaft begründet. Es sind Forschungsresultate seines hellseherischen Einblickes. Gleichzeitig wird von ihm der Weg beschrieben, wie dieser Einblick erreicht und seine Erkenntnisse nachvollzogen werden können. Damit können sie schrittweise zu meinem Wissen werden.

Die Meditation ist eine Plattform, um zu sich selbst zu finden, sich seines menschlichen Daseins in allen Ebenen bewusst zu werden, Frieden zu finden und mit geistigen Welten in Kontakt zu treten. Im Alltag gibt es bereits viele Ansätze dafür. Wenn ich als Informatiker nicht weiterweiß, gehe ich mal zur Toilette oder mache mir einen Tee. Für besonders harte Fälle lasse ich die Sache ruhen, überschlafe sie. Ein erneutes Nachdenken gelingt einfacher und siehe da, die Lösung ist bereits auf dem Tablett. Momente, es sind Sekunden bis Minuten, des Verweilens, wach im Denken, sind bereits meditativ. Wiederum ist dies als mein persönliches Wissen anzusehen, kann jedoch nachvollzogen werden.

Ich glaube an die Kraft des Gebetes. Sie ist Gedankenkraft, ein Denken, welches gefüllt ist mit Herz und Wille. Ich glaube, dass der Zeitpunkt kommt, in welchem ich in mir dem Christus in die Augen schauen und ihn erkennen kann.

Mein persönlicher Glaube gepaart mit meinem persönlichen Wissen bildet mein persönliches Weltbild. Mit Irrtümern muss ich rechnen. Dafür habe ich mein Denken, um unter anderem diese zu erkennen. Mein Herz meldet sich, wenn etwas nicht stimmig ist.

Diese Bewusstheit des hier Geschilderten bildet eine gute Orientierung für mein Leben, für meine innere Freiheit, für MICH.

Vertrauen

Als einstimmende Übung kann ich mich fragen:

Wem vertraue ich? Wem nicht?
Wenn ich zweifle: Warum nicht? Warum doch?
Wie kann ich bei anderen das Vertrauen gewinnen oder wiedergewinnen?
Habe ich Vertrauen zu mir selbst?
Was traue ich mir zu?

Jetzt sind wir an einem wichtigen Punkt angelangt. Es geht um Menschenkenntnis und um Kenntnis meiner selbst. Ich muss mich mal selber kennenlernen.

Ich muss mir klar sein, was ich mir zutraue, was nicht. Ich kann durchaus mutig sein und mir dabei eingestehen, dass ich etwas probieren will. Entsprechend kann ich dies den anderen kommunizieren. Durch Kommunizieren zeige ich mich, wie ich bin. Transparenz schafft Vertrauen und ein Versagen wird verstanden. Dies verhindert, dass ich in späteren Aufgabenstellungen strenger kontrolliert werde. Mein Gegenüber weiß, woran er ist bei mir. Ich bin authentisch und gebe meine Schwächen zu. Authentizität ist Ausdruck meines ICH. Dies gibt Sicherheit für mich und für die anderen, bildet die Grundlage fürs Vertrauen mir gegenüber.

Dies führt uns weiter zum Vertrauen dem Gegenüber. Im DU kann ich mich selbst sehen, kann zumindest mit mir vergleichen. Ich nehme das DU als ganzen Menschen wahr. Dazu gehören auch seine Schattenseiten. Ich gebe ihm einen Vertrauensvorschuss, einen Kredit.

Es ergibt keinen Sinn, in meinem Umfeld nur Krokodile zu sehen, die mich verschlingen wollen. Die Höhe des Vertrauenskredits muss ich mir erarbeiten, überlegen, erspüren. Mein Denken mit dem Herzen führt mich dabei.

Ich kann dem Gegenüber tief in die Augen blicken. Dies ruft das Du zur Aufmerksamkeit, zu seiner Authentizität. Eine persönliche Verbindung baue ich dadurch zu ihm auf.

Ich achte auf die Zeichen und nutze meine Erfahrungen. Das Erarbeiten meiner Menschenkenntnisse macht mich feinfühliger, aufmerksamer und führt mich zur persönlichen Hellsicht.

Wo finde ich die absolute Sicherheit? Wo finde ich das absolute Urvertrauen?

**Das Urvertrauen liegt in mir,
in meinem Bewusstsein, in meinem ICH.
ICH BIN.
Dort ist die Wurzel. Darauf kann ich bauen.
Dort finde ich meine Verbindung
zu meinem Ursprung, mit Gott.**

Irrwege und Egoismus

Die Welt ist voller Irrtümer, voller Irrwege oder gar Lügen, Täuschungen. So erscheint dies mir, wenn ich den Weg der Erkenntnis beschreite.

Wichtig ist, dass die Erkenntnis über die erkannten Irrtümer jeweils an die Irrenden zurückfließt, d. h. sie informiert, damit sie die Irrtümer selbst erkennen. Dies ist ein inneres Bedürfnis des Erkennenden: „Erkenntnis verpflichtet“.

Keine schöne Haltung ist es, daraus Profit zu schlagen, im Sinne von „Wissen ist Macht“. Dafür sind unsere Probleme im Zusammenleben und in der Lebensgrundlage zu groß geworden und wir müssen gemeinsam handeln.

Wir machen fortlaufend Fehler, ohne dass diese uns bewusst werden. Befreien davon müssen wir uns mittlerweile im Kollektiven. Es ergibt keinen Sinn mehr, dem anderen etwas nachzutragen. Nur gemeinsam schaffen wir es, die Suppe unserer Taten auszulöffeln.

Schwierig wird es, wenn der andere den Irrtum nicht sieht oder nicht sehen will, weil er nicht offen dafür ist oder anderweitig blockiert ist oder schlicht nicht will. In einem dummen Falle liegt die Blockade gerade darin, dass das Gegenüber einen Irrtum bei mir erkennt und diesen gleichfalls unbedingt loswerden will. Man verweilt in der Grundhaltung: Solange der andere seinen Irrtum nicht wahrnimmt oder nicht akzeptiert, gibt es gar nichts anderes zu diskutieren. Jeder ergreift für sich Partei. So kommt man nicht vom Fleck. Gefühle der Verletzungen und des Nichtverstandenseins dominieren.

Manche Beziehung ist daran zerbrochen. Die Egos und deren Stolz verhindern eine konstruktive Lösung. Würfeln hilft auch nicht dabei, welches Problem, welcher Irrtum oder Fehltritt zuerst angepackt werden soll. Damit bleiben die beiden Egos auf Konfrontation. Sie sind sich Feinde geworden.

Wenn ich einen Egoisten vor mir habe, kann ich bewusst ebenfalls den Egoisten spielen und damit bewusst den Kindergarten mitmachen, wenn ich will.

Aber auf der anderen Seite muss ich auf der Hut sein, dass ich dem Egoismus nicht selbst verfalle, weil dies mich auch persönlich betrifft.

Als beleidigte Leberwürste können wir auseinandergehen, darüber schlafen, uns darüber Notizen machen und damit Abstand gewinnen.

Zur Lösung des Konflikts kommt es erst, wenn das Gegenüber ebenfalls vom Ego abrückt und einen Weitblick erlaubt. Das Erkennen und Akzeptieren des jeweiligen Standpunktes ist ein erster Schritt. Wenn es dann so weit ist, kommt die Reue, aber auch die Lebensfreude ist wieder da und der Friede kann gemeinsam gefeiert werden. Warum tun wir dies nicht von Anfang an so? Weil wir gerne Frieden feiern? Mögen wir Dramas?

Hier liegt der Weg der Erkenntnis und hier im Speziellen die Selbsterkenntnis. Der Fehler oder im Speziellen das Fehlverhalten liegt ja nicht nur bei den anderen. Man sieht dies beim anderen einfach besser und meinen Anteil will ich am liebsten gar nicht sehen, wenn es sich um meine Schattenseite handelt. Im Zusammenleben in einer Partnerschaft wird einem der Spiegel vorgehalten.

**Der größte Feind des Egoismus
ist der Egoismus des anderen.**

Egoisten werden sich Feinde, wenn ein Interessenskonflikt besteht, wenn es den Rechtsanspruch des fraglichen Territoriums durchzusetzen gilt. Hier sind Machtspiele, die im Kleinen wie auch im Großen stattfinden. Die Vermittler haben allerhand zu tun und machen ihr Geld damit. Es kommt auf deren Gier an, ob sie wirklich ein Interesse daran haben, den Konflikt zu lösen, oder eben weniger oder gar nicht.

Und so spielt das Theater auf der Weltbühne. Wie lange wir dieses Theater mitmachen, hängt davon ab, wie viele Menschen von ihrem Egoismus wegrücken und sich zusammentun können zugunsten des gemeinsamen sozialen Systems. Bis dahin bleibt das Leiden, was letzten Endes ein gemeinsames Leiden ist, programmiert. Der Egoismus ist letzten Endes ein Irrweg. Er führt in den Krieg aller gegen alle.

Die nächste Stufe ist der kluge Egoist, der erkennt, dass es für ihn von Vorteil ist, wenn es den anderen besser geht. Er kann dadurch von ihnen profitieren.

Von Egoismus frei werde ich erst, wenn ich als Beobachter unparteiisch mir den vollen Überblick verschaffen kann. Das heißt, ich überblicke neutral meinen persönlichen Teil und nehme den unparteiischen Standpunkt als Grundlage meines Handelns mit dazu.

Der Weg des Verzeihens

Nun haben wir die Basis, darüber zu sprechen, wie wir zum Verzeihen kommen können.

Fehltritte sind zu kommunizieren.

Ich sehe meine Fehler und ich sehe die Fehler der anderen. Ich sehe mein Fehlverhalten und sehe dessen Fehlverhalten. Kein Mensch ist fehlerlos. Wenn ich den anderen bestrafe, so muss ich zugeben, dass ich für meine Fehler oder mein Fehlverhalten auch bestraft werden muss.

Wir können die Haltung haben, dass wir uns gegenseitig zerfleischen oder eben: gegenseitig Nachsicht haben, Milde walten lassen.

Anstelle von „Aug um Auge, Zahn um Zahn" üben wir lieber eine Kultur des Kommunizierens der Fehltritte, sodass es die Adressaten sehen, verstehen, ohne gleich verurteilen zu wollen.

Das Gegenüber muss zur Erkenntnis kommen. Auf der anderen Seite muss ich zumindest verstehen, warum es zu diesen Fehltritten gekommen ist. Eine Erkenntnis für mich.

Beide Seiten oder alle Beteiligten müssen erkennen können. Weiter muss eine Lösung gefunden werden für die Konflikte. Hier kann ich mich ebenso einbringen.

Nach der Einsicht kann sich letzten Endes jeder selbst bestrafen oder bei sich selbst Milde walten lassen. Für einen Ausgleich zu sorgen ist ein inneres Bedürfnis des reuigen Menschen.

**Eine Kultur der Problemlösung ist zu pflegen,
anstelle derjenigen der Verurteilung.**

Wenn ich dies mir verinnerliche, beginnt in meinen Augen das
Verzeihen:
- Im Erkennen, dass ich mit beteiligt bin, Teil des Systems, des
  Problems bin oder auch geworden bin.
- Im Wegkommen von der Verurteilung hin zur Problemlösung.
- In der Aktivierung der Herzenskräfte, die sich in Milde und
  Reue zeigen.

Abschließend verzeihen kann ich nicht wirklich, wenn die Probleme ungelöst bleiben. Dann bleibe ich im permanenten Verzeihensprozess drinnen, wenn kein alternativer, mir entsprechender Weg bleibt. Ich verweile in dieser Herzenshaltung aus Einsicht der Situation und habe die Aufgabe durchzuhalten. Damit erlebe ich eine Art Kreuzigung.

Hier ist eine Denk- und Gefühlspause angebracht. Bin ich doch selbst in Tränen ausgebrochen, als diese Worte zu mir kamen und aus der Sache heraus sich ergaben. Ich spürte das Unverstandensein, welches ich im persönlichen Leben erlebte.

Wie viel machte doch Christus durch, weil sein frei gewählter Weg das „Resultat" seines Weitblickes war, seine Einsicht in seinen Auftrag, in seine Mission war.

**Das stetige Verzeihen von nicht erkannten
und ungelösten Problemen ist ein Kreuzweg,
den wir in unserem Herzen erleben.**

Der Standpunkt

Wie sehen Sie die Welt?

Die Frage ist in der Form überraschend, jedoch berechtigt, wenn wir jemanden neu kennenlernen, mit ihm sprechen, philosophieren, einfach kommunizieren. Ich sehe im anderen eine andere Welt. Sicherlich gibt es viele Gemeinsamkeiten, doch zumindest dessen Lebensweg ist verschieden zu dem meinigen.

Gibt es verschiedene Welten?
Oder gibt es gar verschiedene Wahrheiten?

Dies sind Fragen, welche die Philosophie beschäftigen und einen alltäglichen Bezug haben. Sie helfen im Dialog bei Konfliktlösungen und sind eine Grundlage für das Verständnis des anderen. Sie eröffnen den Zugang oder noch stärker die Liebe zum anderen.

Ich kann auch die Haltung einnehmen: „Ich habe meine Welt. So ist sie nun mal." Dort ecke ich an. Ich bin im Kontext, im Dialog, in der Zusammenarbeit mit anderen. Die anderen haben ihre Welt. Wenn ich dessen ungeachtet mein Ding durchziehe, bin ich schlicht ein Egoist oder wirke egoistisch, beschäftige mich nur mit mir selbst.

Das Bewusstwerden der unterschiedlichen Standpunkte, respektive des eigenen Standpunktes, ist ein ICH-Erlebnis, welches sich fast notwendigerweise zeigt, wenn ich mich entwickle, weil ich mich auf meinem Lern- und Erfahrungsweg befinde.

Wir können die Frage des Standpunktes noch weiter vertiefen. Durch den Standpunkt im Raum bekomme ich meine eigene persönliche Perspektive. Als kleines Kind sehe ich große Beine. Ein schönes Erlebnis ist es für das Kind, in die Arme genommen zu werden und mit den Erwachsenen auf Augenhöhe zu sein und die Welt von oben zu sehen.

Noch eigentümlicher wird es mit dem Regenbogen, welcher sich mit meinem Standort verschiebt, sich in der Landschaft zeigt, ohne dass ihn jemand besteigen kann.

Wenn ich meinen Blick ins Innere werfe, habe ich mein Eigenleben in den Gefühlen, deren ich mir teilweise bewusst bin. Dies ist grundsätzlich mal meine eigene Welt.

Meine Empfindungen stehen im Kontext mit der Außenwelt. Sie äußern sich in Lust und Unlust zum Objekt.

Vieles in meinem Gefühlsreservoir oder in meiner persönlichen Gefühlswelt sind Resultate von Erlebnissen in der Vergangenheit, die einerseits von Glück, Geborgenheit und so weiter geprägt sind. Andererseits trage ich Verletzungen in mir, die sich in krassen Erlebnissen als Traumata einprägen.

In der Gefühlswelt bin ich im Dialog mit den anderen. Ich kann meine Aufmerksamkeit darauf richten und meine Empfindungen bewusst verfeinern. Damit trete ich in ein neues Gebiet, in welchem ich zuhause bin. Ich trete in die Welt der Bewusstheit.

Die Bewusstheit hat wiederum mit dem Denken zu tun, mit welchem ich mich orientieren kann, in welchem ich mich von der Welt *vorerst mal* abgrenze und mich dabei als ICH erlebe.

Die totale Abgrenzung findet nicht statt. Ich stehe im Dialog mit den anderen und verbinde mich wieder mit ihnen. Wir können diskutieren und gegenseitig Erfahrungen austauschen. Ich kann als Schüler profitieren oder als Lehrer meine Erfahrungen weitergeben.

Ich kann mathematisieren und mich mit anderen Mathematikern austauschen. Ich kann dabei sehr abstrakt, theoretisch werden, ohne Bezug zur Außenwelt. Ich kann dies mit einem Kollegen gemeinsam tun und schaffe damit eine neue abstrakte Welt.

Wenn ich mich noch weiter beobachte, werde ich mir meines aktuellen Denkprozesses bewusst, welchen ich selber hervorbringe. Er erweist sich als Stütze, weil ich in meinem Denken intim alles selbst durchschauen kann.

Direkt unbewusst ist das Denken ja nicht, aber das aktuelle Denken gleichzeitig während des Denkaktes selbst zu beobachten, ist eine gewisse Schwierigkeit, hingegen aus der Erinnerung heraus ist es problemlos nachvollziehbar, was ich gerade eben gedacht habe.

Beim meinem eigenen DENKEN kann ich meinen Standpunkt setzen.

Das Denken ist meine ureigene Tätigkeit, und ich kann sie mit meiner Aufmerksamkeit überblicken. Dort ist der Hebel zu setzen, um die Welt im Sinne von Archimedes aus den Angeln zu heben.

Ich kann meinen Standpunkt beliebig wechseln. Grundsätzlich bin ich dort, wo ich mit meiner Aufmerksamkeit bin. Das Denken nehme ich dabei immer mit oder das Denken nimmt mich mit, wenn die Konzentrationskraft nachlässt. Ich bin dort, wo ich mit meinen Gedanken bin. Gerne wird bei der Meditation der innere Blick auf die Atmung gelenkt, um das Wespennest der Gedanken zu bändigen.

Gehen wir noch einen Schritt weiter. Übers Denken bekomme ich Ideen. Hier bin ich verbunden mit einer anderen Welt, mit der geistigen Welt. Das Denken wird das Wahrnehmungsorgan dazu.

In der geistigen Welt sind wir miteinander verbunden. Darauf empfiehlt es sich, mal für eine längere Zeit die Aufmerksamkeit zu richten und für sich selbst zu prüfen. Äußere Erscheinungen dafür sind zum Beispiel, dass viele Erfindungen praktisch zur gleichen Zeit von verschiedenen Personen entdeckt wurden. Sie lagen sozusagen „in der Luft".

Auch sind wir mit den Herzen verbunden. Wenn ich zum Beispiel meine Partnerin anrufe, erfahre von ihr als erstes, dass sie im gleichen Augenblick vorhatte mich anzurufen. Sie hatte gerade an mich „gedacht" oder das gleiche kann ich umgekehrt bei mir beobachten. In letzter Konsequenz sind wir im gemeinsamen SEIN verbunden.

Im Studium des Denkens gibt es die Einsicht über die gemeinsame geistige Welt. Im Herzen ist die Verbundenheit in einer Art gemeinsamem Seelenbaum als stimmig erlebbar.

Ein *meisterhafter* Standpunkt ist derjenige, wie er zum Beispiel bei Kurt Tepperwein zu finden ist (siehe [22]). Der Standpunkt erhebt sich zum Beobachter meiner selbst. Mit jeder Wahrnehmung ist auch gleich der Sinn mit wahrgenommen und ich befinde mich in einem friedlichen SEIN-Zustand, wo alles, ebenso der *Sinn*, zur Wahrnehmung wird, damit im vollen Überblick bin, zudem verbunden mit allem, was ist, und daraus frei und richtig zu handeln vermag.

**Ich bin eins mit allem, mit allen Menschen und
deren Welten in einer Einheit,
in einer gemeinsamen Wahrheit.
ICH BIN.**

Zeichen wahrnehmen

Vieles in unserem persönlichen Leben geschieht unbewusst. Wir greifen mit der Hand ins Gesicht, wackeln mit dem Stuhl, atmen nur oberflächlich. Auch im Innern sind wir uns nicht allen Gefühlen bewusst. Teilweise sind es schlicht schon reflexartige Reaktionen und Gefühlsausbrüche. Die Liste ist lang.

Ebenso gibt es sensiblere und stumpfere Menschen, bezüglich der persönlichen Gefühle oder der Gefühle anderer. Gegen die eigenen Gefühle hält man, oder hält der Mann, gerne den Deckel drauf. Dort hilft der Körper, Unbewusstes zu signalisieren, zum Beispiel mit Blähungen oder Durchfall, Herzschmerzen, schnellem Atem, nervösem Klopfen mit den Füßen. Der menschliche Körper gibt hier eine gute Rückmeldung. Er kommuniziert mit uns in gewisser Weise, in seiner Sprache.

Wenn ich mich selbst und meine Umwelt wahrnehme, bilde ich mir gleichzeitig weitere Sensoren aus und werde sensibler. Ich steigere damit meine Wahrnehmungsfähigkeiten. Viele sprechen von ihrem Bauchgefühl, welches ihnen noch mehr Informationen gibt. Wenn diejenigen noch mehr darauf achten, können sie ihre Gefühle oder allgemeiner ihre Wahrnehmungen differenzieren. Sie können unterscheiden von persönlichen Angstreaktionen, Hungergefühlen, Blasendruck oder aber auch von nonverbalen Botschaften.

Die Zeichen sind vielerlei. Wenn ich darauf achte, bin ich mit meinem Denken dabei, mit meinem Herzen dabei und meine Wahrnehmungsfähigkeit wird verfeinert. Im Management spricht man auch vom „Monitoring schwacher Signale".

Ein Formel-1-Fahrer bremst vor der Kurve massiv und sieht danach einen großen Unfall. Dies tat er aufgrund der Reaktionen der Zuschauer auf der Tribüne, die Einsicht hatten, was sich hinter der Kurve befand. Dieser Fahrer schaffte es, trotz der Konzentration auf das Fahren, andere lebenswichtige Zeichen wahrzunehmen. Er war geistesgegenwärtig.

Eine Hostess kann nicht wie geplant fliegen, weil ihr Kind erkrankte und die volle Aufmerksamkeit forderte. Später wird ihr klar, dass sie sich im geplanten Rückflug in der abgestürzten Maschine befunden hätte. Fügungen im eigenen Schicksal lassen sich erleben, die nichts mit Zufall zu tun haben. Sie sind vielmehr von geistiger Hand *zugefallen*, sind ein „Zeichen des Himmels".

Aus meinem Lebenswege heraus kann ich bezeugen, dass es hellsichtige Menschen gibt, die noch mehr wahrnehmen können. Sie besitzen von Geburt an weitere Sinne oder haben sich diese teilweise gar selbst entwickelt.

Mein persönlicher Weg geht über das denkerische Erkennen. Als Beobachter bin ich mir des gegenwärtigen Denkens selber zusätzlich bewusst. Damit stehe ich alternativ denjenigen gegenüber, die zum Beispiel ihr Achten auf das Bauchgefühl pflegen und dabei das Denken unbeobachtet anwenden.

In dem Sinne sind diese beiden Wege sich gegenseitig ergänzend. Das Beobachtungsobjekt ist beim denkerisch Veranlagten gerne verschoben auf die Mathematik, Geometrie bis zum kopflastigen Intellekt.

Dem denkerischen Menschen ist es geraten, auf sein Herz und seinen Körper zu achten, schlicht auf Zeichen im Alltag.

Dem gefühlsbetonten Menschen empfiehlt sich bei der Achtsamkeit, sich der denkerischen Tätigkeit gleichzeitig bewusst zu werden. In dem Sinne ist das Denken auch als Zeichen wahrnehmbar.

Die Mathematik als Disziplin der Wissenschaft ist ein Produkt des reinen Denkens. Nach der anthroposophischen Lehre ist sie bereits die erste Stufe einer übersinnlichen Anschauung. Siehe [19].

Das Denken bildet ein weiteres Tor zur persönlichen Hellsicht. Ich bin mir meiner schöpferischen Kraft bewusst und rücke damit dem Göttlichen näher.

Denken, Erkennen und Handeln

„Tue doch etwas! Beginne doch mal!", so spreche ich gerne zu mir. Dies sind innere Prägungen aus dem eigenen Leben.

Mit dem Erkennen und Voranschreiten
finden sich neue Wege.

Mit dem Tun kommt die Kraft und die Situationen verändern sich. Neues Leben strömt herein, hat die Möglichkeit mitzugestalten.

Aber wohin? Wohin will ich? Wohin soll die Reise gehen?

Es gilt mal, den Kopf und das Herz frei zu machen, innezuhalten. Damit tue ich bereits etwas Wichtiges für mich. Ich schaffe mir einen Überblick.

Damit haben wir bereits einen guten Start. Dies will ich, dies will ich nicht. Manchmal brauche ich mehr Zeit, um dies zu erkennen. Dann besinne ich mich und widerstehe dem äußeren Druck. Gut Ding muss Weile haben.

Ich schaue mir die Frage von allen Seiten an oder lasse sie vorerst stehen, überschlafe das Ganze und nehme etwas anderes in die Hand, welches klarer ist.

Ich schreibe mir zumindest innerlich meine Frage auf. Sie arbeitet für mich weiter in mir. Ich bleibe dran und die Antwort wächst über Nacht. Wir kriegen Eingebungen, Intuitionen.

Wir bekommen ein Telefon, müssen plötzlich die Aufmerksamkeit wechseln. Macht nichts. So ist das Leben in der Gemeinschaft. Ich bleibe einfach dran an meinem ursprünglichen Impuls. Ich wechsle mit Liebe die Aufmerksamkeit, denn alles hat meine Liebe verdient.

Ich grenze mich ab, wenn ich Energiefresser um mich habe. Ich schaue auf meine Energiebalance und bewahre meine Intentionen. Die Situationen verändern sich, hingegen meine Intention nur, wenn ich will. Ich kann dranbleiben.

Ich halte das Steuer und lenke, wie ich will oder zumindest wie ich kann. Für jede Situation gibt es eine Lösung. Ich finde sie im Erkennen mit meinem Intuitionsvermögen.

Wenn ich es akademischer anpacke, führe ich eine Situationsanalyse im Innen und im Außen durch. Manchmal sind die Hürden sehr groß und es bleibt mir nichts anderes übrig. Ich kann darüber nachsinnen und öffne mich damit für eine Lösung. Dies ist bereits ein im Alltag praktiziertes Meditieren auf Basis des Denkens.

Vielfach sind Sachzwänge vorhanden. Ich kann dieses oder jenes erst am kommenden Freitag tun, oder mein Kollege ist in den Ferien.

Im Innern sind vielfach Normen, Gewohnheiten, die meine Möglichkeiten einschränken. Zum Beispiel: „Ich kann dies doch nicht tun. Was würden denn die anderen denken?"

Die Frage stellt sich: Ist dies wirklich so? Da muss ich tief ehrlich mit mir selbst sein. Sehr viel habe ich mir verbaut aus eigenen Regeln, Gepflogenheiten. Auch habe ich es mit inneren Verletzungen oder gar Traumatas aus meiner Vergangenheit zu tun.

Neue-Wege-gehen und Experimentieren sind die bessere Wahl. Ich bin für mich ein Pionier. Ich komme mit mir selbst voran und damit auch mein Umfeld.

Ich schenke ebenso meinem Umfeld die Möglichkeit für neue
Wege. Je mehr Menschen dies tun, wird dies zu einer neuen Kultur.

**Die Kultur des Neue-Wege-Schaffens ist letztlich
weltverändernd, auch weltgesundend.
Unsere kollektiven Strukturen weichen auf,
in welchen wir uns normalerweise bewegen.**

Wir leben stark im von Menschen gemachten Eisklotz der Sachzwänge und Gewohnheiten. Dies wird im Zeitalter der Digita-
lisierung nicht minder. Wir müssen unsere alten Strukturen allmählich weichklopfen, verflüssigen, mit dem Herzen erwärmen.

Wir brauchen neue Formen des Zusammenlebens, zudem Formen, die sich verändern können. Wenn unsere Gebilde der Sach-
zwänqe zu groß, zu hart werden, knallen Sie aufeinander. Dies
tut in unserer Gesellschaft heftig weh.

Besinnen wir uns auf unser Intuitionsvermögen. Gute Ideen er-
lösen uns. Ich empfinde sie als Gottes Geschenk. Außerdem werden wir zu Helden auf unserem persönlichen Lebensweg und auf
der Lebensbühne. Ein gutes Beispiel für den Helden mit den guten Ideen ist für mich der Kaspar.

Lass uns den Kaspar im Theaterstück spielen.

Der Erkenntnisweg

**Vom Baum der Erkenntnis haben wir gegessen.
Da müssen wir durch.**

Für die folgende erkenntnistheoretische Betrachtungsweise bin ich geschult durch das Buch „Philosophie der Freiheit" von Rudolf Steiner, dem Begründer der Anthroposophie, welche auf der Anschauung von Johann Wolfgang von Goethe fußt. Wenn man sich in dieser Thematik vertiefen will, kann ich dieses Buch wärmstens empfehlen (siehe [1]).

Erkenntnis hängt mit dem Denken zusammen: wahrnehmen, denken und damit erkennen. Das Denken bilden wir aus. Durch denkerisches Betrachten erschließen wir weitere Eigenschaften der Dinge, der Objekte und nach Einstimmen auch über uns selbst.

Das Denken verhält sich wie eine Pflanze.

Beim Konzentrieren, im denkerischen Tun „wachsen" die Lösungen, „wachsen" die Erinnerungen, pflücken wir die Ideen und die „AHA!-Momente". Beim Dranbleiben am Objekte „gieße" ich regelrecht mein Denken wie eine Pflanze. Ich „wachse" damit immer mehr in die Details und in die Zusammenhänge. Ich werde Experte, Meister des Objektes.

**Im denkerischen Betrachten sind wir
in der forschenden Meditation.**

Je nach Beruf, je nach Rolle im Alltag vertiefen wir uns in die Objekte, erkennen und erhaschen immer mehr deren Wesen. Wir kümmern uns um die Objekte.

Sie sind:
im vom Menschen geschaffenen Raum oder
von der Natur gegebenen Raum oder
im Innenraum, wenn wir philosophieren, mathematisieren oder exemplarisch beim Lesen und Reflektieren dieses Buches.

Im denkerischen Erkennen öffnet sich ein weiteres Feld der Wahrnehmung in geistiger Ebene.

Mit dem denkerischen Erkennen nehme ich den Sinn wahr, die Funktion wahr, die Idee wahr, das Wesen des Objektes wahr.

Mit dem Denken haben wir bei der geistigen Wahrnehmung das Tun dabei.

Das Bekommen einer Erkenntnis setzt die denkerische Betätigung voraus. Einmal erkannt bleibt sie als gelerntes Wissen oder Weisheit in mir.

Der Aspekt des Tuns mag auf den ersten Blick unpassend wirken. Wenn ich jedoch die gewöhnliche Wahrnehmung genauer betrachte, so merke ich, dass auch hier der Wille beteiligt ist.

Beim Hören müssen wir das Sprechen hinzunehmen und befinden uns damit in der Welt der Akustik.

Beim Auge befindet sich der Teil des Tuns im Unbemerkten. Wir konzentrieren uns voll und ganz auf das resultierende Sehen. Das Tun findet sich zum Beispiel beim Blick ausrichten, beim Schärfen, Adaptieren der Linse vor allem im jungen Alter und das Einstellen der Pupille je nach Helligkeit. In der Kamera wird dies in Programmen oder manuell durch den Fotografierenden erledigt. Ich habe beim Auge ein stetiges Wechselspiel, je nachdem welches Objekt ich in der Lichtwelt „ins Auge" fasse.

Ich bin ein aktiver Teilnehmer der geistigen Welt und nehme sie wahr mit dem denkerischen Tun und dem resultierenden Erkennen.

Der Beweis findet sich beim Betrachten des aktuellen Denkens selbst. Einfach ist es im Nachhinein, das Gedachte zu ermitteln, was man selbst gedacht hat.

Beim aktuellen Denken sind wir in einer Art Kurzschlusszustand. Es verlangt danach, das Denken während seiner Tätigkeit gleich mit zu betrachten. Ich muss den Münchhausen spielen, der sich selbst aus dem Sumpf zieht.

Bei längerer Aufmerksamkeit im denkerischen Betrachten des Denkens selber komme ich zur Sicht, dass dieses Denken letzten Endes gar nicht mehr vom physischen Gehirnapparat abhängig ist. Hier beobachte ich ein rein geistiges Phänomen. Die Gehirnvorgänge sind sekundärer Natur, sind nur der Abdruck des Denkens.

Einmal diese Erkenntnis erreicht, wissen wir von einer geistigen Welt. Das Denken ist das geistige Auge dazu.

Im denkerischen Erkennen liegt das Tor zur geistigen Wirklichkeit. Das Denken entwickelt sich zum geistigen Auge.

Es freute mich besonders, als ich dank Anthrowiki im Internet in den Schriften von Rudolf Steiner eine Bestätigung des geistigen Auges im Denken wiederfinden konnte (siehe [19], GA 154, S. 121):

„Aus meinen getanen Äußerungen geht hervor, daß das selbständig gewordene Denken gleichsam das geistige Auge wird für die Wahrnehmung der geistigen Außenwelt. Allerdings zeigt sich vor der hellsichtigen Forschung, die dieses geistige Auge zu dem, was hellsichtiges Denken ist, gebraucht, daß dieses geistige Auge ein aktives, ein tätiges ist, daß die geistigen Fühlhörner sich überall hin ausstrecken, während das physische Auge ein passives ist, das die Eindrücke passiv an sich herankommen läßt. Hat daher der Geistesforscher in seine Gedanken die Offenbarungen der geistigen Welt aufgenommen, dann leben sie in den Gedanken darinnen. Und versucht er dann dasjenige, was er sich bemüht hat, in seine lebenden Gedanken hineinzubringen, seinen Mitmenschen mitzuteilen, so ist es den Mitmenschen möglich, ihn zu verstehen, ihn zu begreifen, wenn sie sich diese Wege, ihn zu verstehen, nur nicht durch materialistische Vorurteile verlegen lassen.“

Durch das Denken wird alles viel klarer. Die Welt wird heller. Das Denken löst die Probleme auf und es wirkt befreiend, auch Ruhe und Frieden stiftend. Die Frage der Freiheit erscheint in neuem Lichte.

Im Denken finden sich der Wille und das Fühlen wieder. Der Wille liegt in der denkerischen Tätigkeit, das Gefühl ist die Liebe zum Objekt, in der Wesensbegegnung. Den anderen verstehen zu können bedeutet eine Verbindung einzugehen mit ihm, ist lieben im Geiste.

Ich wachse über mich selbst hinaus. Ideen sind wie Früchte, die herunterfallen von einem Baume, den ich noch nicht richtig erkenne.

Die Frage nach den Grenzen des Erkennens, das heißt in der Wahrnehmung durch das denkerische Tun, stellt sich neu. Man bekommt den Eindruck von Grenzenlosigkeit.

Die Grenzen sind nur vorübergehend, zeitlich. Darum ergibt es keinen Sinn, hinter der Wahrnehmung ein nicht greifbares „Ding an sich" zu postulieren. Mit unserem Denken ergreifen wir letzten Endes jede hinterste, noch dunkle Ecke.

Es ergeben sich stetig neue Erkenntnisse auf meinem Wege. Ich kann von einem **Erkenntnisweg** sprechen.

Vom Dualismus zum Monismus

Wir erleben uns in der Dualität in vielerlei Hinsicht. Hier versuche ich darzulegen, wie wir davon wegkommen. Ich berufe mich dabei erneut zur Hauptsache auf die Philosophie der Freiheit von Rudolf Steiner (siehe [1]). Sie führt uns hierin zum Monismus.

In einer hier dargelegten Hinsicht erleben wir die Dualität, insofern wir wahrnehmen und den Sinn nicht gleich greifen können.

Schon in der goetheschen Farbenlehre spricht man von Wesen und Erscheinung. Erscheinung lässt sich mit der Wahrnehmung gleichsetzen.

Das Wesen, welches noch weiter greift als die Wahrnehmung, ist durch das denkerische Erkennen erschließbar. Dies geschieht auf rein geistiger Basis und ich spreche hier von einer Intuition in dem Sinne, wie es in der Anthroposophie gehandhabt wird.

Im Alltag des Menschen erleben wir grundsätzlich zweierlei:

1. Die Wahrnehmung durch die physischen Organe, hier dazugenommen bei Hellsichtigen noch weitere Wahrnehmungsorgane.
2. Darauf gedeckelt finden wir den Zugang zum Wesen über das denkerische Tun im Erkennen.

Letzten Endes kommen uns die Wahrnehmung und der durch das Denken erarbeitete Begriff nur dadurch getrennt vor, weil wir über diese beiden Kanäle die Wirklichkeit wahrnehmen. Wir haben die direkte Wahrnehmung über unsere Sinne. Beim Denken verzögert sich dies, weil es unsere eigene Aktivität, mit unserem Willen voraussetzt. Die Wirklichkeit ist ganz.

Sie ist nicht mehr dual, sondern findet in uns als Wahrnehmender, Erkennender wieder zusammen. Meine beiden Zugangsarten von Wahrnehmung und Denken sind eine Folge meiner menschlichen Konstitution, wodurch die Welt getrennt aussieht, obwohl sie eigentlich zusammengehört.

Als Erwachsener ist diese Verbindung schon beliebig oft getan, allerdings nicht in der vollen Tiefe. Wir bilden unsere Vorstellungen. Es kann noch viel mehr aus dem Objekte herausholt werden durch denkerisch-meditative Vertiefung. Einfache Dinge, wie das Erfassen, was ein Baum ist, sind für das Kind tiefe, fundamentale Erlebnisse.

Eine weitere Form der Dualität liegt in der **Gegenüberstellung von Ich und der Welt**.

Mein ICH, mein Selbst bemerke ich, indem ich mir bewusst werden lasse, was ich soeben gedacht habe, aus der Erinnerung heraus. Dafür ist unser Körper dienlich. Dies führt zum Selbstbewusstsein.

Durch mein Denken unterscheide ich das Subjekt vom Objekt. Durch mein Erkennen und das Bewusstwerden darüber kann ich Subjekt und Objekt wieder zusammenführen. Dies geschieht mit der Erkenntnis des Ursprungs der Trennung der beiden im Denken.

**Ich bin als Betrachter mit dem Objekt verbunden.
Ich „bin" die Dinge – in gewisser Weise.**

Eine letzte Schlussfolgerung lässt sich ziehen, wenn wir den *Menschen* anschauen in seinem *Wesen* und seiner *Erscheinung*. Die Erscheinung und sein Wesen, sein eigentliches Wesen, sind hier *in der Tatsache zu unterscheiden*.

Unser wirkliches Wesen, was wir wirklich sind, muss sich zuerst bilden, manifestieren, verwirklichen. Dort liegt eines jeden persönliche Aufgabe.

Mein Wesenskern, mein höheres Selbst ist am Werden, am Manifestieren in mir. Damit verbinden sich Wesen und Erscheinung in mir.

KAPITEL ZWEI

Das bewusste eigene Leben

Die Eigenliebe

„Steh auf!"
Wie fühlt sich dies an? Eindringlich, übergriffig.

„Sei ruhig!"
Der Befehlston hat es in sich. Keine Höflichkeit ist zu finden.

Wie wohl der Befehlssatz in die Sprache gekommen ist?

Es gibt so vieles, was uns täglich beeinflusst, in uns eindringt. Wir
müssen gehorchen, gehorsam sein gegenüber den Autoritäten.

Das eigene Leben ist in der Kindheit in der Obhut der Eltern
und in den Schulen, welche uns eine kleinere Welt, einen Rahmen geben, in welchem wir uns bewegen dürfen.
Der Teenager rebelliert und macht sich frei.

Wenn die Autorität von außen wegfällt, ist nicht einfach Schluss,
sondern wir sind geprägt worden. Diese Prägungen wirken in uns
als Normen, die wir weiterreichen, wenn wir nicht bewusst an
uns selbst arbeiten.

So viel wird in uns zugeschüttet. Wir müssen lernen uns selbst wertzuschätzen und unsere Persönlichkeit hervorkommen zu lassen. Je
nachdem, wo und wann wir hineingeboren werden in unsere Lern-
und Erfahrungswelt, sind unsere Wege einfacher oder schwieriger.

Es geht um unser Ich, welches gelebt werden will, aber zahlrei-
chen Unterdrückungen ausgesetzt wird.

Wir müssen uns aktiv darum bemühen, uns wertzuschätzen.

Wir haben unsere Würde.

ICH – Geburt und Werdegang

Erinnern Sie sich noch, als Sie geboren wurden?
Dies wäre schon eine Top-Leistung.

Erinnern Sie sich noch an entscheidende Momente Ihres Lebens,
wo Sie bewusst neue Wege einschlugen?
Davon gehe ich mal aus.
Damals war das eigene Bewusstsein mit dabei.

Dort, wo ich mit meinem Bewusstsein dabei bin, schaffe ich mir
den eigenen Raum, vorerst mal den Innenraum. Den eigenen
Raum zu manifestieren, ist nicht gratis und muss vielfach erkämpft
werden. Im Nachhinein kann dies gar wie die Befreiung aus einer
Gefangenschaft empfunden werden. Jeder kann hier zu solchen
Erlebnissen geführt werden. Besonders auffällig erlebte ich dies, als
ich sämtliches Almagam aus den Zähnen entfernen ließ. Die innere Enge war plötzlich weg, ich fühlte mich innerlich befreit, frei.

Vielfach sind wir in inneren und äußeren Verpflichtungen verflochten oder stehen gar in Bedrängnissen. Hier kann als Beispiel
eine Trennung von einer Beziehung, getrennte Wege zu gehen,
befreiend sein, weil unter anderem die gegenseitige Rücksicht-
nahme wegfällt und jeder sich wieder auf seine eigenen Dinge
konzentrieren kann.

Auch habe ich Menschen erlebt, die in der permanenten Gebens-
haltung drinnen sind und sich darin komplett verlieren, letztendlich nur noch funktionieren. Der eintretende Ruhestand oder der
Auszug der Kinder bei einer Mutter können solche Momente sein.
Solche Menschen hängen vielfach noch in ihren Gewohnheiten
und wirken oft orientierungslos, wenn sie von ihren Arbeiten
und Verpflichtungen befreit sind. Sie müssen sich zuerst wieder
selbst finden in ihrer ungewohnten neuen Freiheit.

So ergeben sich neue Möglichkeiten in der Entwicklung. Die Sinnfrage stellt sich. Was will ich, was will ich nicht? Was ist moralisch gut, was ist verwerflich? Zu viel Freiheit kann schwierig werden. Ich kann dem puren Genuss verfallen, aber das ist auch nicht die Lösung. Ich kann den Blick nach innen wenden und mir dabei allerlei Fragen stellen.

Was will ich im Leben? Worin liegt der Sinn? Wozu fühle ich mich berufen? Was sind meine inneren Aufgaben? Wer bin ich?

Ich kann mir Zeit lassen dafür und kann in die Tiefe gehen. Ich kann dies überschlafen. Damit gebe ich mir Raum, dass etwas in mir geschehen, reifen kann, was ganz tief in mir liegt und nur mit mir selbst zu tun hat. Ich sorge durch meine Haltung dafür.

**Ich meditiere über mich selbst.
Durch diese Gedanken wächst es auch heran:
Mein Selbst!**

Dasjenige, was ich selbst bin, beginnt sich in mir zu zeigen. Ich verbinde mich mit dem, was ich selbst bin. Mein Wesen ist nicht mehr unbemerkt im Hintergrund, sondern manifestiert sich in mir immer mehr, beginnt sich zu verwirklichen. Mein Wesen erwacht.

Andere Menschen kommen direkter zu dem Punkt, wenn sie sich ihrer Sinnfrage stellen. Sie träumen vom erfüllten Leben. Sie erforschen sich oder bauen sich ihre Herzenswünsche auf. Ergibt sich die Möglichkeit im Außen, dann erinnern sie sich daran und erfüllen sich, manifestieren sich ihre Träume von Herzen.

Eine Parallele leite ich ab im Bezug der bereits erwähnten Philosophie der Freiheit von Rudolf Steiner:

Ausgehend von:

**Wahrnehmung und Begriff verbinden sich
mit dem denkerischen Erkennen und erschließen
das Wesen des Objektes als Ganzes.**

Das gleiche gilt für den Menschen selbst:

**Der Mensch und sein Wesenskern, sein Selbst verbindet
sich mit der ICH-Geburt und erschließt immer mehr
das Wesen des Menschen als Ganzes.**

Als Folgeschritt gilt:

**Die Bestimmung von Subjekt und Objekt geschieht
durch das Denken und verbindet sich wieder im
Bewusstwerden dieser Bestimmung.**

Daraus lässt sich vorerst postulierend ableiten:

**Die Separierung des ICH von der Welt, oder
direkter gesprochen von Gott, geschieht durch die
fortschreitende ICH-Entwicklung.**

Der postulierte Folgeschritt ist:

**Die Verbindung zu Gott entsteht wieder *frei* im
Bewusstsein, in der Entwicklung zum Selbst,
bis zum Geistesmenschen.**

Hier sind wir inmitten des heutigen Zeitgeschehens. Es ist jedem selbst überlassen, dies nachzuvollziehen. Ich kann hier nur aus meiner Sicht sprechen.

Die Kraft des Ich im Jetzt

Wenn ich mich auf das HIER und JETZT konzentriere, bin ich ganz bei mir. Ich bin Wächter von mir selbst. Ich durchdringe mit Aufmerksamkeit, was auf mich zukommt. Ich kann es auch Achtsamkeit nennen.

Schuldgefühle kommen aus der Vergangenheit heraus.

Vieles habe ich falsch gemacht oder meine dies einfach nur. Ich betrachte meine Irrtümer in einem neuen Licht, mit der Kraft des Jetzt und beginne in jedem Augenblick von Neuem, denn nur im Jetzt kann ich etwas tun.

Zukünftiges will von der Gegenwart ablenken.

Geschmiedete Pläne, dazu gehören auch die Eigenen, verlangen das Unmögliche in der Gegenwart und verursachen Stress, wenn sich die Situation verändert. Sie sind regelmäßig zu hinterfragen, sonst machen sie mich krank.

Zukünftiges wird in der Gegenwart erarbeitet. Sich seines inneren Arbeitsplatzes bewusst zu sein und diesen auch mal verlassen können sind zum Beispiel die Aufgaben eines Ingenieurs. Nur im Jetzt kann ich tun, was morgen benötigt wird. Dafür brauche ich die nötige Kraft, die im entsprechenden Ausgleich zu suchen ist. Letzteren finde ich im Jetzt, indem ich einfach mal eine Pause mache.

Zwänge wollen meine Handlung bestimmen.

Eine angemessene Antwort ist nur im Jetzt mit meiner Aufmerksamkeit möglich.

Zwänge sind vielfach Ängste bezüglich negativer Konsequenzen, die in der Zukunft zu erwarten sind. Der Angst in die Augen zu schauen, mit klarem Denken im Jetzt, ist die Medizin.

Es verbergen sich schlechte Erfahrungen, versteckte Blockaden oder gar Traumata aus der Vergangenheit.

Da wird es schwierig, ohne therapeutische Hilfe davon wegzukommen. Immer wiederkehrende Bemerkungen und Hinweise von Freunden können anregen auf sich selbst zu schauen und nach den Ursachen zu forschen.

Lösen kann ich meine Blockaden nur mit dem nötigen Abstand im Jetzt, auch wenn es seine Zeit braucht.

Die Ursachen tief in mir zu entdecken und zu erkennen, wie sie bei mir wirken, sind die wichtigen Schritte. Danach kann es sehr schnell gehen mit der Lösung. Die Ursachen blockieren nicht mehr, oder immer weniger, wenn Sie mir bewusst geworden sind.

Es können reine Denkblockaden sein. Gedachte Gedanken wirken wie Gesetze in diesen Fällen. Den gewohnten Fluss der Gedanken mal zu stoppen durch Innehalten, einfach mal anders zu denken, alles zu hinterfragen, hilft. Das neue Denken entsteht im Jetzt.

Wir bewegen uns im Rahmen der Gesetze in der Gemeinschaft. Sie sind Resultat der Gesetzgebung. Wenn sich dort Ungerechtes befindet, ist dies ein langer Weg, diese zu reformieren, aber sie sind nicht absolut. Der Entschluss, die Initiative, hier etwas zu bewegen, entsteht auch hier im Jetzt.

Bürokraten schreiben fixe Abläufe vor, die nur solange gut sind, als sie uns dienen. Doch ebenso Abläufe wurden mal erschaf-

fen und können angepasst werden. Der richtige Umgang damit
wurzelt im Jetzt.

Dazu kommt die Frage des lieben Geldes. Wenn wir es lieben,
geht es vielleicht besser. Es braucht unsere Aufmerksamkeit, um
dem komplexen, egoistischen System den gerechten Teil abzu-
ringen. Die Aufmerksamkeit ist im Jetzt.

Abstand und Ruhe sind zu gewinnen.

Ich bin im Jetzt, mich selbst beobachtend, mit klarem Denken, im
Frieden bei mir, in der Liebe und tue, was mir lieb und möglich ist.

Ich erkenne, was noch von der Vergangenheit hochkommt und
löse die Problematiken in für mich bewältigbaren Portionen.

**Ich bin im Verständnis mit dem,
was gebraucht oder gefordert wird,
lasse mich aber von solchen Dingen
nicht verschlingen, sondern halte mich
im Jetzt in einem gesunden Abstand.**

Meine Seelenwelt

Wenn ich den Blick von außen nach innen wende, kann ich feststellen, dass sich an die äußeren Wahrnehmungen innere Empfindungen knüpfen. Solche Empfindungen sind vorerst, wie kalt bei Blau oder heiß bei Rot.

Überlagert sind noch andere Empfindungen, die sich auf Verbindungen zu früheren Erlebnissen beziehen. Blau kann ich mit Urlaub verbinden, Strand, heißen nächtlichen Feten aus dem letzten Urlaub, was nichts mehr mit der beruhigenden Qualität zu tun hat, oder auch mit Erinnerungen an meine Lieblingssendungen im Fernsehen oder an mein Pflegemittel. Und schon stehe ich im Bad und schaue in den Spiegel.

Im Innern geschieht sehr viel Automatisches, welches wieder in Aktionen im Außen mündet. Es kann ebenso sein, dass die Farbe Blau mich daran erinnert, dass ich die Rechnung für den Urlaub noch nicht bezahlt habe. Die Assoziationen sind beliebig wirr.

Ängste aus früheren Erlebnissen sind vorhanden. Auch etablieren sie sich aus dem permanenten Grübeln heraus, wenn ich zum Beispiel Fragen stelle, die ich nicht beantworten kann. Zudem kommen bei mir in stillen Zeiten viele alte Gefühle hoch, die anzuschauen sind. Ein Berg von Verletzungen lagert unter Umständen, die zu trösten sind.

Geniale Einfälle bringen mich in Raserei, die gerne mit „es war nur so eine Idee" enden.

Im Inneren geht einiges ab. Wir können von einer eigenen Innenwelt sprechen. Ich kann sie meine **Seelenwelt** nennen. Meine innere Welt wird ruhiger, wenn ich innere beruhigendere Worte spreche, wenn ich mich mit meinem Bewusstsein einschalte.

Mit meinem Denken schaffe ich Klarheit in mir. Manchmal geht der Weg übers Außen, wenn ich meine Sorgen aufschreibe und beurteile. Dadurch, entspannende Musik anzuhören oder künstlerische Betätigungen auszuüben, sammle ich mich übers Gefühl und über das Tun.

Nach außen bin ich im Austausch mit meinen Kollegen und Kolleginnen, Freunden und Freundinnen. Bei den Frauen wird tendenziell mehr über Gefühle gesprochen, gar schwärmerisch erzählt. Bei den Männern ist es vielleicht mehr der intellektuelle Austausch oder das klassische Kräftemessen. Wir könnten hier vieles hinzufügen.

Die Außenwelt in allen Facetten fordert und fördert uns täglich. **Nach jedem Gelernten erhöhe ich meinen inneren Reichtum in meiner Seele.** Das Erfahrene hat gerne einen bitteren Nachgeschmack, weil oft Leid damit verbunden ist. Das Wort Erfahren beinhaltet im täglichen Gebrauch schon das „erfahren müssen". Letzten Endes zählt die Essenz für mich.

Wir haben es mit drei Entitäten im Innern zu tun:

- Fühlen, Empfinden, Erfahrenes
- Wollen, in Aktion treten, Erschaffenes in den Gewohnheiten
- Denken, Gedachtes, Gelerntes

Mein ICH, mein Wesenskern ist von der Substanz her geistiger Art und mit dem göttlichen Ursprung verbunden. Die Meditation, die Besinnung nach innen bringt mich zu diesem Erlebnis.

Die Seele ist mein persönliches Königreich. Die Märchen erzählen bildhaft Seelenerlebnisse. Hellsichtige Fähigkeiten von deren Autoren spiegeln sich in ihnen.

Ich kann Ordnung schaffen im Innenleben. Dies ist aber auch Arbeit. Ich komme zum inneren Frieden und noch stärker praktiziert zu einem SEIN-Zustand. Diesen Zustand nenne ich ICH BIN.

Dies verändert mich als Mensch nachhaltig. Nach außen hin leuchten „ICH-BIN-Menschen" durch ihre Augen, durch ihr „Charisma" und wirken ausgeglichen bei sich.

Hierzu gibt es zahlreiche Übungen, wenn ich mich schulen will. Die Nebenübungen von Rudolf Steiner sind hier zum Beispiel zu erwähnen. Der größte Übungsplatz ist wohl die Lebensschule, meine Lern- und Erfahrungswelt. Im Kleinen geübt hilft uns dies, es im Großen anzuwenden.

Aufbau und Inhalt der Nebenübungen sind hier aus meiner Sicht wiedergegeben. In der folgenden Reihenfolge sind sie zu praktizieren und jeweils einen Monat in ihr zu verweilen gedacht.

1. Nebenübung: Gedankenkontrolle
Die Aufmerksamkeit widme ich mit klarem Denken einem einfachen Gegenstand 5 Minuten lang, ohne dabei abzuschweifen. Dies erschließt mir die Welt der realen, klaren Zusammenhänge und ich werde immer mehr Herr der Gedanken, die ein gewisses Eigenleben besitzen.

2. Nebenübung: Willensschulung
Ich führe regelmäßig eine einfache Handlung aus, die zweckfrei ist, die rein aus mir entspringt und nicht fremdbestimmt ist. Damit werde ich Herr der Willenswelt.

3. Nebenübung: Gelassenheit gegenüber Lust und Leid
Um mein Gefühlsleben zu regulieren, Herr meiner Gefühle zu werden, übe ich Gelassenheit für herbeidrängende Gefühle und erwärme mich, rüttle mich auf zu den Gefühlen, wenn ich keine vorfinde.

4. Nebenübung: Positivität
Das Positive, das Gute übe ich zu sehen in allem, was mir entgegenkommt. Auch im Bösen lässt sich Gutes finden. Damit erhebe ich mich aus dem Drama in der Lern- und Erfahrungswelt und bekomme einen spirituellen Blick in den Alltag.

5. Nebenübung: Unbefangenheit
Unbefangen, ohne Vorurteile lasse ich Neues an mich herankommen. Je mehr Erfahrung ich auf einem bestimmten Gebiete habe, umso größer ist die Gefahr von Vorurteilen. Wenn ich mich in der Offenheit übe, hat die Welt die Chance, sich jederzeit neu zu zeigen und ein spannendes Leben kommt mir entgegen.

6. Nebenübung: Harmonisierung
Die fünf Eigenschaften der Seele, die ich in den obigen Übungen mir angeeignet habe, sind in Harmonie zu bringen. Ich kann alle fünf Übungen zyklisch wiederholen oder zum Beispiel zwei gleichzeitig anpacken.

Der Herzensweg

Es gibt so viele Wege, die wir beschreiten können. Die große Kunst ist es, den richtigen Weg zu finden, zu wählen. Will ich diesen erkennen, so brauche ich einen guten Ratgeber. Dieser Ratgeber ist mein Herz. Dem folge ich von Herzen gern. Gegen das Herz zu handeln kommt auf Dauer nicht gut.

Der Herzensweg ist der rote Faden,
der aus dem Labyrinth führt.

Das Herz zu befragen ist eine weitere Instanz, der Weg des roten Fadens, neben den anderen möglichen Wegen. Das Herz unterstützt mich beim Denken.

Der Herzensweg ist der Weg der Liebe, meiner Eigenliebe und dazu die Liebe zur Sache selbst und die Liebe zur richtigen Entscheidung. Dann wird die Liebe selbstlos, nur noch zur Situation gerichtet. Und wenn ich beide im Verständnis vor mir habe – die Eigenliebe und die Liebe zum Objekt –, mit meiner Entscheidung kann ich mich wieder in Liebe mit ihm verbinden.

Liebe verbindet, bringt Harmonie.
Sie ist die Grundlage des Herzensweges.

Die Liebe hat eine geistige Seite. Sie liegt im Verständnis, im Erkennen. Ich verbinde mich damit mit dem Objekte.

Im Erkennen liegt eine geistige Form von Liebe.

Ich erkenne mich, wenn ich mich mit Liebe zu mir wende. Damit öffnet sich das Tor zu meinem *inneren Kinde,* zu meiner *inneren Sonne.* Je mehr ich darauf achte, umso mehr erstrahle ich in meinem wahren Wesen. Ich bin immer mehr in meinem Herzen und handle immer mehr aus meinem Herzen heraus. Auch kann ich sagen: Ich bin immer mehr in der Liebe und handle immer mehr aus meiner Liebe heraus. Ebenso ist mein Bewusstsein mit meinem Denken immer dabei.

**Das Selbstwahrnehmen in Liebe und daraus
in Liebe zu handeln ist meine Geburtsstunde.
ICH BIN.
Liebe Deinen Nächsten wie Dich selbst.**

Ich habe weiterhin meine Begegnungen und erfülle meine Aufgaben. Diese erfülle ich von innen heraus, immer mehr aus mir selbst heraus und gebe damit meine persönliche Note.

Ich agiere in Liebe und nicht mehr als reagierender Automat. Ich nehme mir die Zeit vor dem Handeln, damit ich dies aus meiner Liebe heraus tun kann.

Der Herzensweg verbindet uns alle auf ganz tiefe Weise und führt uns letzten Endes im paradiesischen Ursprung zusammen.

Der Herzensweg ist je nach Anschauung vor allem auch der christliche Weg. Für viele Menschen ist dies zudem der Weg des Gebets. Für andere geht der Weg im inneren Dialog über die Meditation.

**Im inneren Dialog öffne ich mich der Liebe.
Ich kann meine Herzenswünsche äußern.
Die Liebe wird antworten.**

Die Antwort erlebe ich sehr weisheitsvoll und von innigster, geistig göttlicher Liebe. Wenn ich den bereits erwähnten *Erkenntnisweg* beschreite, nehme ich mein Herz erweitert wahr:

- Einerseits im *unmittelbaren Gefühl* in der *Wahrnehmung* und
- andererseits auch *im Wesen* durch mein *Erkennen*.

Damit ist ein Erkennen über die rein physische Vorstellung des Herzens hinaus angesprochen. Es gibt einen physischen, seelischen und geistigen Aspekt, den es als ein Wesen in verschiedenen Erscheinungen zu begreifen gilt.

Das Wesen des Herzens ist am Werden. Es entwickelt sich weiter in uns, in der stetigen Selbstwerdung hin zum ICH BIN. Ein Herzdenken wird sich manifestieren. In der anthroposophischen Literatur finden sich noch mehr Zusammenhänge. Siehe [19].

Mit dem Ursprung verbinden

Aus dem Ursprung heraus wirkt mein Dasein. Dort sind die Wurzeln meines Selbst. Dort sind die Wurzeln von uns allen. Wir müssen die Verbindung wieder finden, damit wir nicht als verlorene Schafe umherirren.

Eine Hilfestellung bietet der rote Faden des Herzensweges. Dieser gibt uns Kraft, gibt uns Orientierung. Der Orientierungspunkt des roten Fadens wiederum ist der Ursprung. Unser Herz ist mit dem Weltenherzen verbunden.

Auf dem Erkenntnisweg kommen wir zur Gewissheit, dass alles miteinander verbunden ist. Der Orientierungspunkt liegt hier im Denken.

Orientierung ist das halbe Leben:
* Im desorientierten Zustand finde ich keinen Halt, alle Energie verpufft und ich bin kraftlos. Wenn ich orientiert bin, fügt sich alles konstruktiv am richtigen Platz.
* Wenn ich mich auf dem Herzensweg befinde, bin ich in der Hoffnung, bin ich in der Glaubenskraft.
* Wenn ich aus dem Erkenntnisweg heraus mir bewusst bin, dass die Trennung in ICH und Welt nur eine Anschauung von meinem Standpunkte aus dem bisher Beobachteten und Erlebten ist, bestärkt mich diese bis in die Gewissheit.

Hier spreche ich unter anderem aus meiner Erfahrung als Linkshänder, als legasthenisch Veranlagter und in der Informatik Tätiger.

Eine bewusste Orientierung bis zu den Wurzeln im ICH BIN ist meine Tankstelle, ist mein Leben schlechthin. Alles läuft wie am Schnürchen, eben dem roten Faden folgend.

Ich werde zum „VIP" und wirke als solcher mit. „VIP" steht hier dafür, „in der Verbundenheit", „im Zustand des ICH BIN" zu sein. In esoterischen Kreisen wird von Lichtträgern gesprochen.

Im ICH BIN sind der Weg, die Wahrheit und das Leben.

Wir sind alle Kinder Gottes. Der Weg durch Christus verbindet uns frei von Egoismus mit Gott.

Die Berufung finden

Was ist dies für ein Ding?
Eigentümlich sieht es aus.
So eigenwillige Farben.
So eigenwillige Formen.
Aber es passt zu mir.
Was hat dies mit mir zu tun?

Oh, es keimt.
Oh, ich liebe diesen Sprössling.

Vorsichtig gießen
Genug Erde geben
Genug Licht geben
Genug Wärme, Geborgenheit geben.
Liebe geben

Es sprießt weiter, bildet die ersten Blätter.
Eigenwillig diese geometrische Form und
Anordnung entlang des Stengels.
Aber genau nach meinem Geschmack!

Ich liebe dieses Ding.

Wie wohl die Blüte aussehen mag?
Wie wird die Frucht sein?
Dieses Ding zieht mich magisch an.
Liebe pur.

Es ist genau das, was ich werden will.
Ich erkenne es immer mehr, klar und deutlich.

Ich erkenne mich selbst in meiner Berufung.
Ich bin berufen meine Berufungen zu leben.
Ich finde sie mit dem Herzen.

Der Weg ist das Ziel.

So sei es

Im Kontext meines Lebens in der Lern- und Erfahrungswelt kann ich sehr weit entfernt sein von dem, was ich wirklich tun will. Darum ergibt es Sinn, von einem Weg zur Berufung hin zu sprechen. Das Herz führt mich, bis ich sie erkennen kann, und führt mich weiter in der Ausübung der Berufung selbst. Der Weg ist das Ziel.

Der Königsweg

Ich denke, erkenne und handle im Jetzt. Das Herz ist der Ratgeber. Das Denken wird das Auge zur geistigen Welt.

Ich bin intuitiv und handle situativ aus dem Herzen heraus, wozu ich mich berufen fühle, und dies ist ein Akt der Liebe.

Der Königsweg ist der Weg der geistigen Liebe.

Die Intuition äußert sich vorerst als Geistesblitze, die zur aktuellen Situation passen. Meine freie Handlung interveniert im Sinne des Ganzen.

Immer mehr erwache ich und immer mehr erstrahle ich. Ich werde immer mehr, wozu ich veranlagt bin. Ich bin ich selbst. ICH BIN.

Ich bin Schüler und werde Meister. Ich werde und bin Vorbild. Mein Weg ist exemplarisch und doch individuell.

Die Verbindung zum Ursprung übe ich und pflege ich. Ich reinige sie und erweitere sie.

Blockierende und verkrustete Formen finden sich und lösen sich auf durch meine Achtsamkeit. Jeder Augenblick der Achtsamkeit verändert mich nachhaltig, ewig.

Der Formen-Müll wird intuitiv, situativ aufgelöst. Die Wandlungskraft aus dem Ursprung unterstützt mich dabei.

Die Verbindung zu Gott wird inniger und voller Fülle. Die Trennung löst sich zunehmend auf. Meine persönliche Art, meine persönliche „Farbe", behalte ich.

Die Verbindung zu Gott gibt mir Kraft, die nicht zu überbieten ist. Die Ausübung dieser Kraft ist in Harmonie mit der Weltenabsicht. Es ist *die* Kraft, es ist die Schöpferkraft.

Ich handle im göttlichen Weltenplan, weil dieser auch zu meinem Plan geworden ist. Ich bin ein Auge Gottes, welcher durch mich schauen kann.

Wenn ich im Weltenplan handle, heißt dies nicht, dass ich im Umfeld verstanden werde. Bin ich im Unverständnis, ist mein Weg, den ich aus Überzeugung, aus eigener Erkenntnis heraus beschreite, mit eigenem Leiden verbunden. Er wird zum Kreuzweg, wie er vor 2000 Jahren von Christus beschritten wurde.

Christus ist mindestens als Repräsentant des ICH BIN erfassbar. Er kann auch als ICH BIN schlechthin angesehen werden, für uns erlebbar, wenn wir selbst SIND und damit in Christus sind.

KAPITEL DREI

Das sprudelnde SEIN

Das Glück finden

Glücklich ist, wer vergisst, was doch nicht zu ändern ist.

Diesen Spruch konnte ich auf meinem Zuckerbeutel lesen, als ich in Ruhe meinen Tee trank. Glück lässt sich nicht finden, wenn ich mich in den Problemen verbeiße.

**Der Schlüssel liegt darin,
loszulassen und zur Ruhe zu kommen.**

Damit öffne ich mich wieder für das Umfeld. In diesem wiedergewonnenen Ruhezustand höre ich wieder die Vögel pfeifen, höre ich die mechanische Uhr ticken. Der innere Lärm und die innere Verbissenheit haben sich aufgelöst.

**Ich öffne mich für den SEIN-Zustand.
Da bin ich einfach, bin im Glück.**

Durch das Loslassen eines Problems öffne ich mich für neue Ansätze, neue Ideen. Die Gefahr besteht, gleich voreilig loszuschreiten, wenn neue Impulse kommen.

**Wenn ich im Bewusstsein der Ruhe bleibe,
halte ich mich weiterhin auf Empfang.**

Ich denke ganzheitlich und prüfe mit dem Herzen und halte inne. Ich kann eine schwierige Frage überschlafen oder mal beiseitelegen. Ich nehme mir den inneren Druck weg. Ich kann eine andere Aufgabe wahrnehmen, aber bleibe auf Empfang für die noch offene Frage.

Das heißt, ich halte mich über einen längeren Zeitraum mit der geistigen Welt bewusst in Kommunikation und die Lösungen kommen zu mir und helfen mir in der konkreten Situation.

Alternativen zeigen sich in Form von neuen Ideen, inneren Bildern, Inspirationen. „Schubser" kommen von außen, zum Beispiel über ein Werbeplakat, einen Zeitungsausschnitt oder einen guten Tipp von einem Kollegen, der seinerseits inspiriert wurde.

Die Wege für die Antworten sind vielerlei. Die glücklichen Fügungen sind auch unerwartet oder lassen auf sich warten. Die geistige Welt kennt mich besser als ich mich selbst. Ich muss offen sein für die Lösung und neue Wege müssen sich zuerst im Kontext der Gemeinschaft erschließen. Eine unerwartete Fügung ist zum Beispiel die Erfüllung von Herzenswünschen, die man nur in sich tief vergraben hatte und sich kaum traute zu artikulieren.

Das Glück hält sich im Zustand des Empfangs, in der regelmäßigen Kommunikation mit der geistigen Welt.

Glückliche Fügungen zeigen sich dadurch auch im Außen des täglichen Lebens. Ich muss sie als solche erkennen können.

Sich der Fülle öffnen

Die Krusten sind meine Muster, meine Normen, die mich unbeweglich machen und keinen Platz mehr geben für das flüssige Element des Lebens.

Wenn ich es schaffe, das Verkrustete systematisch zu hinterfragen, es einfach stehen zu lassen oder aufzulösen, werde ich kreativer, ideenreicher, impulsiver, fröhlicher. Einmal geöffnet fühle ich mich viel lebendiger. Ich fühle die Liebe des Daseins, eine unendliches Gefühl der Erfüllung.

Die nächste Aufgabe ist, die Mitmenschen anzuregen, wenn sie offen sind dafür. Man kann diese nicht zum Glück zwingen. Auf jeden Fall lasse ich mich nicht mehr einfrieren von ihnen. Leben und leben lassen. Mit ihnen tauschen will ich auf jeden Fall nicht mehr.

Der Fluss des Lebens

Es fließt das Wasser

Es fließt die Liebe

Es fließt mein persönliches Leben

Es fließt stetig das Licht der Sonne,
schenkt uns Wärme

Es fließt in Tag- und Nacht-Zyklen
und in den Jahreszeiten

Es fließt die Zeit im Jetzt

Wir sind jung und klein,
werden groß, erwachsen

und wieder alt und kleiner,
dafür WEISER

WIR SIND uns immer,
stetig entwickelnd in den Rhythmen der Zeit.

Wir sind bewusst der Fels, wenn wir stehen bleiben
und bewusst freudig vergnügt,
wenn wir uns wieder treiben lassen.

Wir handeln bewusst im Sinne des Ganzen,
sind Mit-Schöpfer der Welt

Das Stabile liegt im Wandel,
in der Entwicklung,
im fließenden SEIN

Die Zukunft liegt im gemeinsamen
harmonischen Mit-Schöpfen als Kinder Gottes.

Die Kraft der Quelle

Sie fließt ewig.
Sie ist der Ursprung.

Sie fließt in mir.
Sie fließt bei jedem Menschen.

Sie fließt überall.
Sie fließt durch mich hindurch.

Sie ist dort,
wo ich meinen Ursprung erfahren kann,
wo ich meine Heimat finden kann,
wo ich mich auftanken kann,
wenn ich meditiere.

Dort ist die heile, oder besser, die heilige Welt.
Dort bin ich heraus geboren.
Dorthin ist die Sehnsucht zurückzukehren.

Sie bildet die Grundlage des SEINS.
Sie bildet die Lebensgrundlage in mir.
Sie bildet meine physische Substanz.

Die Quelle ist pure Liebe.
Alles urständet in der Liebe,
verweilt und entwickelt sich
in der Schöpferkraft, in der Liebeskraft.

Dies gilt auch für uns Menschen, wenn wir wollen.

Ich persönlich glaube daran, dass wir diese Liebeskraft auch im Außen der Welt wieder erschließen können – und zwar so tief erschließen können, dass wir sie physikalisch im wahren Wesen wahrnehmen und technisch nutzen können.

Im Kleinen werden die ersten Einflüsse zu erkennen sein, das heißt zum Beispiel in quantenphysikalischen Effekten, die vom durchführenden Menschen beeinflusst werden.

Ich stelle mir eine Vorrichtung vor, die durch den Ursprung mit mir verbunden ist, eine Vorrichtung, die mit der Liebe verbunden ist. Damit funktioniert die Vorrichtung nur, wenn ich in der Liebe bin.

Der Träger der Liebe bildet die Basis für eine moralische Energie.

Ich gehe von vom Menschen angeregten Schwingungen aus, die die Materie entsprechend zur Schwingung bringen, wie wir dies in ähnlicher Weise vom Resonanzprinzip in der Akustik kennen. Der Träger ist die Liebe.

Die Quelle verbindet uns untereinander in der Gemeinschaft. Direkte Telepathie ist möglich.

Die Kraft der Quelle ist auch SEIN-erzeugend. Unsere Gerätschaften im herkömmlichen Sinne werden damit überflüssig.

Im Bewusstsein, im *tätigen* Denken mit dem Herzen verbunden, liegt in meiner Ansicht der Schlüssel zum Zugriff dieser Kraft. Die Kraft selbst urständet in der genannten Quelle.

Im Gebet finde ich diese Kraft. Sie enthält alle erwähnten Aspekte und kann, wie die Bibel berichtet, Wunder bewirken.

Der direkte Weg zum ICH BIN

Ich besinne mich
Wer ich bin
Im Herzen
Mit meinem Denken
In meiner Kraft

In Liebe
Bedingungslos
In Frieden
In Freude
In allem was ist

Mein Name ist auch Dein Name
Mein Wesen ist auch Dein Wesen
Immerdar

Ich komme zurück
Wo ich hergekommen bin
In Liebe
Zur Liebe
Zu allem was ist

Wo ich geboren werde
Im SEIN
In Liebe
Immerdar

Ich erwache immer mehr
im Dasein Gottes
Bei meinen Wurzeln von Beginn an
Dort bin ich einfach
Ich selbst
Verbunden
mit allem was ist
In der Einheit

Ich gestalte mit
Wo ich mag
Wo ich mich einbringen kann

In Verbundenheit
Mit meinem Herzen
Im großen Herzen
Den Wünschen in meinem Herzen folgend

Ich reinige mich
Ich behüte mich
In meinem Zuhause

Die Türe
das Tor zu mir selbst
ist offen

Von nun an bin ich
Bis in all meinen Zellen
was ich bin
Licht und Liebe

Das Umfeld wandelt sich
Wie ich mich gewandelt habe
Und mich weiter wandle

Ich bin Liebe
Liebe ist um mich herum

Ich bin Freude
Freude ist um mich herum

Ich bin Frieden
Frieden ist um mich herum

Hierin liegt der Kern der eigenen Transformation.

Angeregt worden bin ich durch viele öffentlich zugängliche Channelings, die einen Höhepunkt erreichten am 21. Dezember 2020 bei der Jupiter-Saturn-Konjunktion im Sternzeichen des Wassermanns.

Ich schlief wenige Nächte darüber. Danach nahm ich mein goldenes Notizbuch mit dem goldenen Bleistift und der Text floss mir direkt heraus. Der letzte Teil „Ich bin Liebe, Liebe ist um mich herum" bis zum Schluss findet sich ähnlich in einem Youtube-Video von Nancy Holten (siehe [23]).

Der geistigen Welt und den vermittelnden hellsichtigen Menschen möchte ich hier herzlichst meinen Dank aussprechen.

KAPITEL VIER

Neue Gemeinschaft, neue Zeit

Die Treue zum DU

Der Weg zum Du ist spannend, weil wir kollektiv in der ICH-Findung und -Entwicklung drinnen sind. Das Leben in einer Partnerschaft kann hier exemplarisch betrachtet werden.

Ich kann im Gegenüber dessen wahre Persönlichkeit erkennen, kennenlernen. Sicherlich sehe ich auch dessen Schattenseiten oder noch heftiger dessen Schatten. Ich kann mich über diesen ärgern oder diesen gar total verabscheuen. Dann trenne ich mich innerlich von ihm.

Mein Partner hält mir einen Spiegel vor und ich sehe in vielem oder gar sehr vielem nur die Reaktionen von mir.

Andererseits kann ich das wahre Wesen meines Partners erkennen, welches ich unter Umständen abgöttisch liebe. Manchmal wird es sehr schwer, diesen wahren Kern zu erreichen. Zu viel steht hier im Wege. Aber ich weiß, dass dieser Kern in ihm existiert. Ich glaube an ihn, liebe ihn. Dies verbindet mich mit ihm auch in schweren Zeiten.

Dies hebt mich zu einer wahrhaftigen Treue, zur Treue zu dessen Wesenskern, zum ICH BIN meines Partners.

Wahre Treue ist die Treue zum Wesenskern des DU.

Die Partnerschaft wird zu einer Lebensaufgabe. In meinem Leben konnte ich tiefe Weisheiten im Zusammenführen von Partnerschaften erleben. Eine Weisheit, die von einer Quelle kommt, die unseren Lebensweg voll und ganz überblicken kann.

Sich zu vergegenwärtigen ist erneut die Eigenliebe, das heißt die Liebe zum eigenen Wesenskern. Die Treue zum DU darf nicht zum Opfer von sich selbst führen.

Es ist wünschenswert, wenn der Partner mich selbst zum eigenen Wesenskern führt, respektive führen kann. Ich muss ja selbst offen sein dafür, was mich selber betrifft. Auch muss ich die Sprache, die Ausdrucksweise meines Partners verstehen können.

Wir brauchen die Balance zum gegenseitigen Ich und Du und erbauen damit ein gesundes Drittes, unsere Beziehung, den Kern einer Gemeinschaft.

Menschheitsliebe

Um dem Gedanken der Menschheitsliebe näherzukommen, beginne ich beim einzelnen Menschen.

- Wozu fühlen wir uns berufen?
- Wofür fühlen wir uns verpflichtet?

Wir sorgen für uns selbst und für die Familie. Weiter gegriffen wollen wir für die Erde schauen, für Frieden schauen, für Gerechtigkeit schauen usw.

Wir sind vielfältig verflochten mit unserem Beziehungsnetz und mit unseren Bedürfnissen. Wir schauen auch über den Tellerrand und machen uns Sorgen über größere Probleme.

Wir sind voneinander abhängig. Oder positiv formuliert: Wir helfen einander. Dies tun wir, ob wir wollen oder auch nicht.

Die Steuern müssen regelmäßig entrichtet werden. Wir beteiligen uns damit an der Infrastruktur. Andere sprechen von einer Zwangsschenkung.

Strukturen wurden geschaffen, die unser soziales Gefüge bilden, die unser Zusammensein regeln. Mit diesem Bewusstsein gelangen wir schon über den Tellerrand unserer persönlichen Fragen.

- Was empfinden wir außerhalb unseres Wirkungsbereiches?
- Ärgern wir uns über die Ungerechtigkeiten?
- Politisieren wir gerne?

Wenn wir über den Tellerrand schauen, heißt dies noch lange nicht, dass wir unseren Egoismus abgelegt haben.

- Können wir uns als einzelne Persönlichkeit über uns selbst stellen?
- Können wir uns jeweils als Gleichberechtigte sehen und danach handeln?

**Wenn wir die eigenen Emotionen und
Interessen in den Hintergrund stellen,
öffnen wir uns für Neues, Höheres.**

- Was brauchen die Menschen?
- Was braucht die Natur?
- Wie sind wir dorthin geraten, wo wir jetzt sind?
- Wohin soll die weitere Reise gehen?
- Wie sehen wir dies?
- Wie sehen dies die anderen?

**Wie wäre es damit, dass jeder sein ICH verwirklichen
kann, zu seinem ICH-BIN-Zustand erheben kann?**

- Wie müsste eine solche Struktur aussehen?
- Talentförderung?
- Eine Nicht-Talentförderung, damit der Mensch nicht einseitig bleibt?

Die Strukturen dürfen nicht diktieren. Sie dürfen nur den Rahmen bilden, sodass sich die Menschen entwickeln können ohne auf Kosten der Entwicklung des Mitmenschen.

**Ein großes Geschenk ist es bereits,
dass wir den Keim des ICH BIN in uns tragen.**

Es liegt an uns selber, ob wir uns verwirklichen und uns dabei gegenseitig unterstützen. Rein der Liebe willen, der Liebe zum ICH BIN, welches das Produkt reiner Liebe ist.

Der Gedanke der Möglichkeit des ICH-BIN-Werdens eines jeden Menschen als Ziel bewegt mich tief.

Im Tal der Konsequenzen

Wir leben im Tal der Konsequenzen. Was ist damit gemeint? Ich spiele damit auf das „Tal der Tränen“ an. Jede Handlung hat Ihre Konsequenzen. Dies ist so, vorerst mal unabhängig davon, ob die Handlung frei ist oder auch nicht. Dies erleben wir in einfachen sozialen Gemeinschaften wie in einer Partnerschaft sowie im allgemeinen Weltgeschehen.

Die Mülltonnen, die wir ins Meer werfen, kehren zu uns zurück. Mit dem Müll der Vergangenheit müssen wir uns auseinandersetzen. Diesbezüglich stehen wir vor einem Scherbenhaufen, wo uns nur noch die Tränen kommen können. Der Scherbenhaufen ist das Resultat unseres bisherigen Zusammenlebens.

Es ist Zeit für eine Kehrtwende. Daher will ich von einem Tal der Konsequenzen sprechen. Daran knüpft sich meine Hoffnung.

Die Konsequenzen sind vom Prinzip her neutral.

Dieses Wissen können wir verinnerlichen und positiv nutzen. Daran knüpft sich eines jeden Möglichkeit und eines jeden Verantwortung. Dies ist bewusstes Sein, das Bewusstsein.

Je nach unseren Taten können sie in Tränen der Freude, des Glücks oder eben der Trauer münden.

Ich kann bewusst „in den Wald“ rufen. Ich kann meine Herzenswünsche aufschreiben und kann sie mir immer wieder vergegenwärtigen, mich immer tiefer damit verbinden. Einfach dranbleiben. Dadurch verbinde ich mich mit dem Willen. Der Keim der

Antwort kann sich von außen manifestieren, oder er gibt mir die Kraft und Gelegenheit, es selber zu tun.

Meine Taten von heute schaffen die Welt von morgen.

Hier wirken noch tiefere geistige Zusammenhänge. Wenn ich mich bewusster in der geistigen Welt bewege, wird mir klarer, dass die Gedanken Träger werden für Kräfte, die sich woanders manifestieren.

In den Gedanken sind Kräfte.

Entsprechend ist der Egoismus zurückzustellen und soll darum gebeten werden, dass diese egoistischen Kräfte „kein Gehör" finden. Dies liegt außerhalb der Möglichkeiten eines einzelnen.

Es bleibt uns lediglich die Möglichkeit der persönlichen Abwehr. Hier müssen sich entsprechende soziale Systeme etablieren, wo aus meiner Sicht zurzeit ein großer Kampf stattfindet.

Die zunehmende Vernetzung von uns allen, sei es übers Internet oder gar hellsichtig telepathisch, schafft Transparenz in den Aktivitäten. Damit sind frühzeitig Gegenmaßnahmen möglich, wenn eine egoistische Tat überbordet.

Lass uns gemeinsam wünschen, dass sich beschränkt die Herzenswünsche erfüllen, die gesund im sozialen Kontext stehen, und dass entsprechende soziale Systeme sich etablieren können.

In letzter Konsequenz gebe ich mit:

Wenn ich Liebe säe, werde ich Liebe ernten.

In der allenfalls nur *gut gemeinten* Liebe liegt mein persönliches Lernpotential. In der entsprechenden Konsequenz ernte ich die Folgen. Ich erhalte die Möglichkeit zur persönlichen Entwicklung, welche mich zur *weisheitsvollen* Liebe führt.

Dem Egoismus begegnen

Wie erwähnt, liegen die Wurzeln unserer Probleme im Phänomen des Egoismus. Wie wollen wir diesem Phänomen begegnen?

Auf der einen Seite ist der Egoismus eine Veranlagung in uns selbst, andererseits kommt er uns im Außen freiheitsberaubend entgegen. Hier zeigt sich die Konsequenz des eigenen Tuns.

Der größte Feind des Egoismus ist der Egoismus des anderen.

Folgende Wege sind aus meiner Sicht fruchtend:
- Das Arbeiten an mir selbst. Dies gibt mir ein Verständnis dieses Phänomens. Ich bringe mich als Erkennender, auch als Vorbild im eigenen Tun, ein und erhoffe eine entsprechende Resonanz.
- Für Transparenz sorgen. Die egoistischen Machenschaften müssen ans Licht, in die Öffentlichkeit gebracht werden. Damit verhindern wir mögliche Auswüchse oder decken die bereits bestehenden auf. Und diese sind wahrlich nicht wenige.

Eine große Erblast an diktierenden Institutionen aus der Vergangenheit ist erst einmal in ihrer vollen Größe zu erkennen. Hierarchische egoistische Strukturen können durch Umkehrung, durch die Gemeinschaft von unten nach oben durchbrochen werden, wenn wir uns entsprechend organisieren. Dabei schützen wir uns selbst und tragen zum Fortschritt der Menschheit bei.

Wir beginnen nicht bei null. Es braucht unsere Aufmerksamkeit, damit die bestehenden schützenden Institutionen wie zum Beispiel eine bereits vorhandene *direkte Demokratie* nicht ausgehebelt

werden, sondern von der Gemeinschaft von unten nach oben hin
gestützt und, *wo nötig, sinnvoll ausgebaut* werden.

**Im Herzen steht der Egoist alleine
da in seinem Umfeld, in seinem Tun.**

Es gehört zur Menschheitsentwicklung, durch den Egoismus hindurchzuschreiten, sich selbst zu erleben und sich wieder in der
Gemeinschaft, letzten Endes mit allem, was ist, in der Einheit zu
finden und wieder bewusst zu verbinden.

**Die Trennung von Ich und Welt ist der Durchgang.
Die Einheit ist der Ursprung und das Ziel.**

**Wir wechseln in der Geisteshaltung
vom HABEN zum SEIN.**

Gedankenkonstrukte reformieren

Haben Sie mal ein Gedicht auswendig gelernt? Vielleicht macht es Spaß, es noch einmal zu versuchen.

In der freien Wahl greifen wir nach einem Text, den wir mögen. Dann machen wir uns ran an die Arbeit.

Bald tauchen die ersten Stolpersteine oder gar Hürden auf. Wir haben uns vielleicht zu viel vorgenommen. Es wird uns zur Last. Die Begeisterung lässt nach. Durch das Dranbleiben können wir es schaffen. Wir verbinden uns wieder positiv damit. Wir kommen zur Meisterschaft. Aus Freude sprechen wir den Text immer wieder und wieder und wieder.

Wenn wir weitermachen, geht es gar nicht mehr um den Text. Wir werden zu einem Sprechautomaten im steten Rezitieren. Die Kälte kommt herein durch das Maschinelle.

Daraus können wir vieles ableiten. Es ist zum Beispiel wichtig, sich den Sinn des Textes zu Herzen zu nehmen und dort zu behalten, den Sinn fortlaufend zu würdigen.

Wenn wir einen eigenen Text schreiben, können wir das Bedürfnis bekommen, den Text laufend anzupassen, klarer zu formulieren, anderes mehr zu betonen. Der Ursprungstext des „geliebten ICH BIN" entstand in der Wende 2012 zu 2013 und erfuhr seitdem einzelne Änderungen, Verdeutlichungen. Jedes Wort wurde mehrfach darauf geprüft, ob es stimmig ist.

Die Pflege der Gedanken ist wichtig. Die Gedanken haben den Ursprung im aktuellen Denken. Je länger es her ist, dass ein Gedanke gedacht wurde, umso kritischer wird es, ihn im Herzen zu halten. Er verliert unsere Aufmerksamkeit.

Der Gedanke ist der Schatten des aktuellen Denkens. Darum ist die Pflege wichtig. Was wir denken, setzen wir in die Welt. Wir müssen die Gedanken immer wieder mit unserem Bewusstsein durchdringen können.

Es kann auch sein, dass gewisse Gedanken nicht mehr zeitgemäß sind. Dann beginnen Sie böse zu wirken. Sie wirken böse im jetzigen Kontext. Reformen müssen her. Reformen unserer eigenen Gedanken. Edel ist es, den Gedanken soweit zu durchschauen und soweit zurückzuverfolgen und den Erfinder wieder mit einzubeziehen. Damit haben wir den menschlichen Ursprung des Gedankens wieder.

Was beabsichtigte er damit? Was nicht? Wir werden feststellen können, dass der Erfinder gar nie so weit gedacht hat. Seine Gedanken waren lückenhaft, einseitig oder entsprechen überhaupt nicht mehr seiner ursprünglichen Absicht. Dies müssen wir verstehen und verzeihen können. Eine gewisse Zeit war er ja von Nutzen, berechtigt. Der Kontext, das Umfeld hat sich gewandelt. Damit müssen sich auch die Gedanken wandeln.

Wo finden wir nun diese Themen? Wir haben das Beispiel des Gedichttextes genommen. Wir haben den Text erweitert zum Gedanken. Der Text ist ja der Speicher des Gedankens. Wo finden wir denn solche Gedankenspeicher?

- In den Gesetzen
- In unseren Gewohnheiten
- In der Erziehung
- In den Religionen
- In der Wissenschaft
- In den Maschinen
- In den Programmen
- Im Internet
- In jeglicher *Form*

Wir werden immer mehr Schöpfer unserer eigenen Welt. Dies bedeutet Verantwortung. Dies bedeutet Pflege. Wenn wir dies nicht tun, geraten wir in ihre Knechtschaft. Die Gedanken gefrieren zu Eisklumpen. Kalt, beherrschend. Große Gedankenkonstrukte existieren heute, die gegen uns wirken, die wir nur im Kollektiven meistern können.

Wir müssen lernen, im Erfundenen wieder Innovatives einzubringen und Überholtes verlassen zu können. Jeder findet Ansätze in seinem Umfeld. In der Zielrichtung ist auf unser Herz zu hören und wir müssen immer mehr „nein" sagen können, denn so viel Unsinn wird in die Welt gestellt in allen Disziplinen, aus egoistischen Motiven der Macht in unserem gegenwärtigen Wirtschaftssystem.

Die gefährlichen Gedanken sind die egoistischen gedachten und die in der Konsequenz nicht zu Ende gedachten Gedanken. Da gibt es eine Menge zu tun, wenn sie zu uns zurückkommen.

Wir brauchen eine Gedankenhygiene. Wir können auch von einer Reinigung sprechen. Schädliches muss weg, Gesundes gefördert werden. Dies bedeutet eine Hygiene im Ursprungsort in uns, ein moralische Phantasie und eine Reinigung dort, wo sich die Gedanken im Außen durch uns manifestieren und in der Vergangenheit manifestierten.

Als Anthroposoph empfinde ich dies als einen michaelischen Auftrag. Michael ist der Erzengel, welcher das Böse bekämpft, in Schach hält und für ein Gleichgewicht sorgt. Für ihn und mit ihm schreibe ich dieses Kapitel (siehe [5]).

Gute Gedanken gründen im Herzen und sind in Harmonie mit dem Kontext, letzten Endes in Harmonie mit den Weltgedanken, die der Schöpfung zugrunde liegen.

In dem Sinne wünsche ich uns allen viel Glück, gute Eingebungen, Intuitionen, dass wir aus dem eigens Erschaffenen wieder herausfinden und unser Zusammenleben gesund gestalten.

Wenn wir versuchen, den Blick zum aktuellen Denken zu wenden, so sehen wir den lebendigen Prozess. Wenn wir uns das Endprodukt anschauen, so sehen wir die gebildete Form, ein Kristallkonstrukt.

Wir müssen die Fähigkeit ausbauen, gedachte Gedanken wieder zu wandeln, im Bild gesprochen den Kristall plastischer werden zu lassen, damit er dem wandelnden Kontext gerecht wird. Eine plastizierbare Form.

Eine Art der Wandlungskraft ist die Transformation von der veralteten Form A zur neuen, adäquateren Form B. Wir können auch von einer Metamorphose sprechen.

Wenn wir den Blick nun zur Natur wenden, dann können wir staunen, was hier der Schöpfer zustande gebracht hat. Hier können wir doch noch unendlich viel lernen, obwohl wir schon viel zu wissen glauben. Warum nicht alte Gedankenformen „verwelken" lassen? Wir schaffen damit Platz für Innovationen.

Wenden wir uns uns selbst zu, dann erkennen wir die Eigenart, dass der Schöpfer seinesgleichen in uns geschaffen hat. Da fühle ich mich klein, weil ich noch eine Menge zu lernen habe, und zugleich groß, aber ebenfalls zutiefst berührt, wenn ich mir vergegenwärtige, wofür ich geschaffen bin.

Die Transformation hin zur sozialen Dreigliederung

Transformieren
verändern
vorwärts.

Ein Rad der Entwicklung
Ein Rad der Vervollkommnung
Immer bewegend
Dem Ziel entgegen.

Altes fällt weg
Neues fließt herein

Worauf kommt es an?
Auf das Leben
des Selbst
Im Jetzt.

Mit dem Kopf,
Mit dem Herzen,
Mit der Hand

wie es Pestalozzi lehrt,
finden wir Lösungen, die:

durchdacht sind,
ausgewogen sind,
und realisierbar sind.

Damit beginne ich in menschengemäßer Weise für eine Sache, für entsprechende Projekte im Zusammenleben anzuregen.

Der Ansatzpunkt liegt in den drei Aspekten
* des Denkens, des Geistes (Kopf),
* des Fühlens, der Seele (Herz),
* des Wollens, des Körpers (Hand),
wenn es darum geht, menschengemäße Lösungen zu finden.

Wir finden die Entsprechungen für die soziale Gemeinschaft in
* der Freiheit im Geistesleben (Kopf)
* der Gleichheit im Rechtsleben (Herz)
* der Brüderlichkeit im Wirtschaftsleben (Hand)

Wenn wir am gleichen Strick ziehen, zum gleichen Ziel hinarbeiten, können entsprechend die Spezialisten die Talente einbringen in den verschiedenen, sehr komplex gewordenen Systemen unseres Zusammenlebens.

Die Transformation kann bei jedem einzelnen Menschen stattfinden, wenn er sich auf diese drei Aspekte in seinem täglichen Leben und Tun konzentriert, sei es in seinem Inneren, sei es als Dienstleistung im Außen.

Auf höherem Gebiete, im strukturellen und sozialen Gefüge, können sich die Untersuchungen durchaus dreigliedrig spezialisieren. Das heißt in der Aufgabe beschäftigen sie sich mit einem Glied der sozialen Dreigliederung (siehe [19]).

In der Ausführung jedoch sind sie dreigliedrig, weil bei jeder Tätigkeit das nötige Geschick, viel Weisheit und Schlauheit und die ausgewogene Absicht von Wichtigkeit sind.

**Wenn jeder Mensch dreigliedrig sich einbringt,
wird sich dies dreigliedrig in der Gemeinschaft
potenzieren und die Strukturen sich zur sozialen
Dreigliederung hin transformieren.**

Die Transformation selbst ist ein Prozess zum idealen Ziel hin mit vielen Übergängen, in denen alte und neue Formen über längere Zeiträume hinweg koexistieren. Das Stabile ist der Wandel.

Lösungen setzen den Hebel beim IST-Zustand des sozialen Gefüges an, denn Luftschlösser, egal wie sie sich nennen und welche Farbe sie tragen, bringen nichts. Abirrungen kennen wir aus der Geschichte zu Genüge.

Die nachfolgende Tabelle mag den Kontext der Abirrungen beleuchten und die Plätze des Friedens finden, wenn wir die Elemente der sozialen Dreigliederung den Entitäten Wirtschaft, Staat und Kultur gegenüberstellen:

	Wirtschaft	**Staat**	**Kultur**
Freiheit	Kapitalismus: „Freier Markt", Umweltzerstörung: „Weltkrieg", Egoismus: „Kampf alle gegen alle"	Anarchie, Willkür, Faustrecht, Unrecht	**Vielfalt, Entwicklungsschub, Wandel, Neue Impulse, Visionen,** **Frieden**
Gleichheit	Kommunismus, Staatsmonopol, Unsinnige Planwirtschaft	**Demokratie, Recht für alle, Solidarität,** **Frieden**	Einheitsbrei, Entwicklungsstopp, Identitätsverlust, Verkrustung
Brüderlichkeit	**Sozialismus, Assoziationen, Umweltschutz,** **Frieden**	Korruption, Unrecht, „Vettern"-Recht	Protektionismus, Kunstverfall, Langeweile

Aus [18], S. 46, frei angepasst.

**Die Dreigliedrigkeit ist die menschengemäße
Form für unser Zusammenleben.
Sie spiegelt die Dreifaltigkeit von Gott wider.**

Die Dreifaltigkeit von Gott lässt sich dabei ausdrücken als Weltengeist, Weltenherz und Weltenkörper respektive Weltenwillen.

Fügungen durch die Rufe meiner Selbst

Fügungen können als das Resultat, die Antwort von Kräften, Wirkungen der Rufe meiner Selbst, meines mit dem Ursprung verbundenen ganzen Selbst betrachtet werden. Morgen sieht die Welt anders aus, wenn ich im Jetzt meine Schritte tue. Aus unserem Tun resultieren die Konsequenzen.

Folgen wir unseren Berufungen, so führen diese uns zu neuen Gemeinschaften zusammen. Wir finden uns im Herzen und in den gemeinsamen Zielen. Ich möchte hierzu an den Erkenntnisweg, den Herzensweg und an den Königsweg erinnern.

Wir schreiten tatkräftig, weltverändernd, uns gegenseitig unterstützend, die Kraft potenzierend auf dem gemeinsamen Weg. Dieser fußt im rein Menschlichen und fügt sich immer mehr gemeinsam, je mehr Menschen sich von ihren persönlichen Altlasten befreien. Mit der Zeit lösen sich auch größere kollektive Verstrickungen.

Hierarchien der Unterdrückung werden immer mehr durchschaut und lösen sich allmählich auf im Nichts. Die „Luft" wird reiner, freier. Wir können wieder atmen. Wir arbeiten immer mehr gemeinsam, nicht mehr konkurrierend.

Neue Gemeinschaften werden immer möglicher, je mehr das bisherige egoistische System mit den Fäden zu den Machtmonopolen sich ad absurdum führt.

Die Fügungen kommen aus dem Zukünftigen, aus dem Weltenplane, der ICH-BIN-Verwirklichung von uns Menschen. Diese Sicht fußt auf dem Ziel des einzelnen Menschen und dem Anerkennen einer Einheit mit der geistigen Welt, letztendlich mit Gott. Unsere Herzen wissen dies. Darauf beruhen unsere Berufungen. Es liegt an uns, *wie* wir dies erreichen. Wir können daraus ein gemeinsames Zukunftskarma ableiten.

Das Zukünftige wird immer möglicher, je mehr wir uns von unserer gemeinsamen Vergangenheit, dem gemeinsamen Vergangenheitskarma befreien. Wir sind nicht nur zum Aufräumen da, sondern können gemeinsam die paradiesische, wohl gemerkt nicht egoistische, Welt schaffen. Wir sind gemeinsam intuitiv und handeln situativ.

Die Gemeinschaft der erwachten Menschen ist nicht mehr räumlich gebunden, sondern hat sich ihrer inneren Berufung folgend zu ihren Schlüsselstellen in der Gesellschaft emporgearbeitet. Sie wirken im gemeinsamen Weltengeist und dem gemeinsamen Weltenherzen auch ohne, dass sie sich direkt kennen müssen. Sie handeln immer bewusster im Sinne des Weltenplanes.

**Jeder ist ein Schlüsselelement und
fügt sich ein in die neue Gemeinschaft.
Je mehr erwachte Menschen wirken, umso kräftiger
und deutlicher wird die neue Gemeinschaft.**

Die Etablierung der neuen Gemeinschaft

Mittlerweile sind wir soweit. Die Ego-Machtsysteme aus der Vergangenheit sind am Aufbrechen. Es haben sich genügend Menschen etabliert, die ihrer Berufung folgen und fleißig geübt haben in der Schule des Lebens. Sie haben eingesehen, dass es keinen Sinn ergibt, mit Schuldzuweisungen die Mitmenschen zu knechten. Sie haben erkannt, dass wir alle unsere Rollen im Kasperletheater spielen und gespielt haben.

Sie haben ihr Denken, Fühlen und Wollen im Griff, kennen ihren Schatten und können die Situationen, die Probleme gemeinsam durchschauen und lösen, Schritt für Schritt.

Erkenntnisse werden ausgetauscht, die sich gegenseitig befruchten und zu gemeinsamen, noch größeren Erkenntnissen führen.

Die Forschung bringt neue Erkenntnisse, die weit über das materialistische Weltbild hinaus sich erheben. Sie zeigen, dass alles im Geist, in der Liebe urständet.

Die Ingenieure bringen neue Erfindungen, die nicht an den Profitgedanken gekoppelt sind, sondern uns im Kollektiven dienen, uns befreien.

Die Freiheit im Geistesleben ist sich am Etablieren.

Ungerechtigkeiten werden erkannt und Maßnahmen zum Ausgleich geschaffen. Der Fokus von der Schuldfrage wird verschoben zur Problemlösung, zum Ausgleich.

Der lebendige Rechtsstaat ist sich am Etablieren.

Alle sorgen, versorgen sich vermehrt gegenseitig in einem menschengemäßen, ganzheitlichen und an das ICH BIN ausgerichteten Gesundheitssystem fernab vom egoistischen Profitgedanken.

Alle spannen vermehrt zusammen, um die Natur zu retten. Die Ausbeutung geht einem Ende zu. Die Natur wird vermehrt geehrt, so wie wir uns selbst ehren.

Alle sorgen, versorgen sich vermehrt gegenseitig, helfen sich in ihren Grundbedürfnissen.

Die Brüderlichkeit ist sich am Etablieren.

Jedes ICH BIN ist ein Licht in der Welt. Je mehr Menschen erleuchten, umso weniger Schatten ist vorhanden. Das Theater kommt zur Ruhe, zum Frieden. Das Ziel wird erreicht.

Gottes Reich findet zur Gemeinschaft durch unser gemeinsames SEIN in Christus. Wir erleben dies in jedem Augenblick im ICH-BIN-Zustand, der uns ewig verbindet.

Gott mit den geistigen Helfern, auch unsere Ahnen und Urahnen lächeln freudig und zwinkern den erwachten Menschenkindern zu. Die immer größer werdende Familie der Erwachten lächelt und zwinkert freudig zurück. Dies ist ein Ausdruck des Glücks in der Einheit im gemeinsamen Zuhause, im schöpferischen Sein.

So sei es

KAPITEL FÜNF

Die Reform zur Gesundheit

Das ICH-BIN-Erwachen in der Pandemie

Pandemie – Der Kampf gegen ein Gespenst

Wo ist es, wo finde ich es?
Was macht es mit mir?

Was kann ich tun?
Wo bin ich gefragt?
Wo sind die Anderen?

Orientierungslosigkeit.
Gespenster, nicht greifbar für die Seele.

Doch ran mit klarem Verstand.
Krisenmodus.

Waffen schmieden gegen einen unsichtbaren Feind.
Testen, beleuchten, bis er sichtbar ist.
Verschanzen, eindämmen, Schotten dicht.

Worum geht es hier? Um die Angst, Angst ums Überleben.
Nerven behalten, Ruhe bewahren.

Was ist Sache?
Wie lösen wir ein Problem,
dass in einer statistischen Kurve von Infizierten, Kranken und To-
ten liegt?

Wir halten kollektiv zusammen.
Wir schauen möglichst genau hin und unterscheiden.
Wir helfen uns gegenseitig, denken an den Anderen.
Wir verharren in Geduld.

Wir holen inneren Abstand,
denken in uns, beten in uns,
gehen in die Meditation, zur Ruhe.

Wir lauschen in uns, spüren den inneren Frieden, die Liebe.
Auch wenn ich im Sterben liege, tue ich dies.

Mein inneres Tor öffnet sich.
Ich finde mich wieder, wer ich bin.

Das ICH BIN ist stärker als der Körper.
Christus sei gedankt

Auf meinem Lebenswege durfte ich diese Grippekrankheit durchschreiten. Sie ist glimpflich verlaufen. Die Hauptsachen waren, wachsam zu sein, das Immunsystem stärkende alternative Heilmittel und Nahrungsergänzungen zu mir zu nehmen und die Angst zu überwinden.

Dem Objekt der Angst ist in die Augen zu schauen. Das Erkennen bringt Licht ins Dunkel. Die Liebeskraft, die Gebetskraft, wenn ich bei mir bin, löst die Angst letztendlich auf. Ich bin in meinem Urvertrauen.

Durch Wesensbetrachtung zur Gesundheit

Die Gesundheit ist ein kostbares Gut. So wird gesprochen. Die Versorgung in der Gesundheit ist ein Grad, der gemessen wird. Doch was wird gemessen?

Im Wesentlichen messen wir, wie gut der medizinische Apparat ausgebaut ist. Das mechanisch, chemisch, materielle Weltbild ist dominant. Daran sind große wirtschaftliche Interessen, zum Beispiel der etablierten Pharmaindustrie, geknüpft.

Die Institutionen tun sich schwer sich vom rein materiellen Welt- und Menschenbild zu lösen. Doch dort liegt der Schlüssel zu einem gesunden Fortschritt nicht nur im Gesundheitswesen!

Wir müssen uns kollektiv zu einem neuen, erweiterten, wirklichkeitsgemäßen Menschenbild emporheben. Ansätze sind in der alternativen Medizin in großer Vielfalt vorhanden.

Auch Gesundheitsorganisationen müssen ein wirklichkeitsgemäßes Menschenbild als Basis nehmen. Eine Einseitigkeit in der Menschenbetrachtung ist krankmachend, und letzten Endes menschenunwürdig.

Das ICH und die Entwicklungsfähigkeit zum ICH BIN sind oberste Priorität.

Einmal mehr ist das Kernübel des *Egoismus* in die Schranken zu weisen. Je mehr wir hier für Transparenz und Aufklärung sor-

gen, desto mehr werden egoistische Machenschaften erkannt und
von der Gemeinschaft nicht mehr geduldet. Ebenso *alte Glaubenssätze, Gedankenkonstrukte* sind zu überwinden.

Was für die Menschenbetrachtung gilt, bezieht sich auch auf die
Naturbetrachtung, die Betrachtung unserer Erde. In vielen Kulturen wird sie als Lebewesen gesehen und geehrt. Solchen Raubbau, wie wir ihn heute betreiben, und vieles mehr können wir nur
tun, wenn wir uns von einem solchen Wesensbild verschließen.

Wir müssen uns immer mehr bewusst werden, was wir mit unseren abstrakten Gedanken und Vorstellungen alles anrichten.
Richten wir das Denken zum echten *Wesen* der Natur und zum
Wesen des Menschen ohne abstrakte Vorstellungen dazwischen,
beginnen wir gesundend zu wirken.

Beobachten und denken, zurückhalten mit Schlussfolgerungen. Noch einmal beobachten, denkerisch Fragen stellen, keine
Schlussfolgerungen, keine Hypothesen. Mit dem Herzen ist zu
beobachten, zu untersuchen, bis die Erkenntnis naht, *bis das Wesen uns selbst gegenüber sich ausspricht.*

**Erkenntnisse sind keine Modellkonstrukte. Für eine
Erkenntnis kann die Hand ins Feuer gelegt werden.**

Im persönlichen Alltag ist dies nachvollziehbar. Hier finden sich
genügend Beispiele, wo wir erkennen können, was eine echte
Problemlösung ist, was eine Pfuscherei ist, was eine Flickerei ist
oder eine Umgehung der Probleme ist.

Wir Menschen neigen zu voreiligen Schlüssen, zu Hypothesen.
Das heißt, wir verlassen zu früh die Aufmerksamkeit zum Objekt
und verlieben uns in die Vorabvorstellungen und im Geschäftsleben wittern wir schon den Profit.

Auch schauen wir in der gängigen Forschung sehr intellektuell die Sache an. Wir müssen lernen ganzheitlich mit allen Sinnen wahrzunehmen, mit dem Herzen wahrzunehmen. Es muss uns bewusst werden, dass die gängigen Betrachtungsweisen nicht wirklichkeitsgemäß sind, einseitig sind und letzten Endes krankmachen.

Schauen wir uns die vielen Modelle der Naturwissenschaft, der Physik an, so sehen wir ein riesiges Konstrukt. Dieses ist so groß geworden, dass eine Alternative in der Naturbetrachtung es sehr schwer hat. Das heißt die Wahrheit, das Wirklichkeitsgemäße hat es sehr schwer, in unsere Weltvorstellungen einfließen zu können.

In Victor und Walter Scharnowells Buch mit dem Titel „von Newton zu Goethe" (erschienen 1973) fand ich einen interessanten Vergleich der Bewusstseinshaltung der beiden genannten Personen. Bei diesem Buch geht es um die Farbenlehre:

BEWUSSTSEINS-SITUATION welche zugrunde lag	**DEM WERKE NEWTONS**	**DEM WERKE GOETHES**
	Analysierender Verstandestätigkeit	Synthetisierender Vernunftstätigkeit
Übergewicht	Diskontinuierlich atomistischer Vorstellungsweise Abstrakt schlussfolgernder Denkhaltung	Kontinuierlich ganzheitsbezogener Vorstellungsweise Gegenständlich-konkreten, imaginativ-synoptischen Denkvermögens
Neigung zur	Bildung selbsterstellter hypothetischer Scheinbildvorstellungen	Streben nach Erkenntnis der geistig ideellen Wesenszusammenhänge
Verwirklichung	Wissenschaftlicher Begriffs-Nominalismus	Wissenschaftlichem Begriffs-Realismus
Seelische Grundtendenz	Willens- und Machtimpuls im Erkenntnisbereich (Wissen ist Macht)	Wahrheits- und Liebesimpuls im Erkenntnisbereich (Erkenntnis verpflichtet)
Folgewirkung	Macht-Wissen ermöglicht geistige und physische Herrschaft und autoritäre Diktatur	Wesenserkenntnis begründet Geistesfreiheit und soziale Gemeinschaft (Team-working und result-dealing)

(siehe [14], S. 56)

Auch habe ich mal in einem Vortrag eine Anekdote gehört bezüglich einer Aussage von Goethe zu seiner Farbenlehre, die in etwa so lautet:

„Zugegeben ich habe mein Schiff auf den Berg gebaut. Aber das Wasser steigt."

Wollen wir das Wasser solange steigen lassen oder sind wir gar schon so weit? Wir sind im Kollektiven massiv krank.

Von Goethes Forschungsmethodik können wir viel lernen. Diese empfiehlt es sich, ernst zu nehmen.

**Wir müssen den Weg zum gesamten Wesen
der Dinge ebnen: Zum Wesen der Natur, zum
gesamten Wesen des Menschen, zum Wesen der Welt.**

Dreigliedrige Impulse zur Gesundheit

Auf Basis der dreigliedrigen Mensch- und Weltbetrachtung lassen sich Themen besser beleuchten und ermöglichen einen geordneten Bezug in tabellarischer Form.

Der resultierende Inhalt bietet die Möglichkeit, sich neu zu orientieren, aufzuräumen, zu reinigen oder schlicht GESUND zu werden.

Gute Ansätze zum Gesunden hin existieren bereits in vielerlei Hinsicht und es können noch viele weitere folgen.

Sie sind in *schrittweisen Übergängen* zu verwirklichen und damit erreichbar. Entsprechend müssen hier noch mehr Weisheit und Intelligenz aufgebracht werden. Innovationen sind gefragt. Diese sind entsprechend zu honorieren.

Diese Betrachtung möge in vielerlei Hinsicht Impulse geben. Teilweise sind die Themen kurz angeschnitten, teilweise ist es mir ein Anliegen, ausführlicher zu sein.

Thema: Pestalozzis Anschauung

Geistiger Aspekt	Seelischer Aspekt	Physischer Aspekt
Kopf	Herz	Hand

In Heinrich Pestalozzis Idee der Elementarbildung spiegelt sich bereits die Dreigliederung des Menschen wider.

Thema: erweitertes Menschenbild

Geistiger Aspekt	Seelischer Aspekt	Physischer Aspekt
Geist	Seele	Körper
Geistselbst Lebensgeist Geistesmensch	Empfindungsseele Verstandes- und Ge- mütsseele Bewusstseinsseele	Physischer Leib Äther- oder Lebens- leib Astralleib

Als Repräsentant eines erweiterten Menschenbildes ist hier das anthroposophische Menschenbild gewählt. Zu beachten ist im Speziellen, dass bereits die körperlichen Aspekte sich über weitere Dimensionen als das Materielle hinausdehnen.

Thema: Das Individuum in der Gemeinschaft

Geistiger Aspekt	Seelischer Aspekt	Physischer Aspekt
Freiheit im Geiste	Moralität im Seeli- schen	Verantwortung im Tun

Die Dreiheit: Freiheit, Moralität und Verantwortung bedingen sich gegenseitig für ein gesund wirkendes ICH.

Thema: erweiterte Medizin

Geistiger Aspekt	Seelischer Aspekt	Physischer Aspekt
Interaktionen im Nerven- Sinnessystem	Interaktionen im Herz- Kreislaufsystem	Interaktionen im Stoffwechselsystem
Einfluss des Geistes auf den Körper	Einfluss der Seele auf den Körper	Form- und Bildekraft als Organisation des Stoff-Flusses
Würdigung des Placebo- Effektes, Wundereffekt auf Basis des Geistes, „ich bin gesund"	Beobachtung der Rhythmen bei Herz und Lunge, Wachen und Schlafen etc.	Ausgewogene Ernährung, Lichtnahrung, Homöopathie
Gesundes Denken Geistheilung	Bewegung, Sport, Fitness, Tanz, Musik, Kunst als Heilung	Über das Physische hinaus gehende Methoden und Werkzeuge fördern

In der *erweiterten* Medizin finden sich vielerlei Ansätze in der Überwindung des materialistischen Weltbildes, indem der Blick auf die Interaktionen der geistigen und seelischen Gebiete mit dem Stofflichen gerichtet wird. Die Potenzierung bis zum Verschwinden des ursprünglichen Stoffes finden wir bei der Homöopathie.

Wenn wir uns bewusst sind, dass wir multidimensional sind, wird uns auch klar, dass unsere Nahrung ebenfalls multidimensional ist respektive sein soll. Wir brauchen stoffliche Nahrung, Lichtnahrung, seelische Nahrung und geistige Nahrung.

Im Hinblick auf die *Pandemiebekämpfung* gibt es alternative Ansätze in der Stärkung des *Immunsystems*, die nicht auf Impfungen beruhen. Sie sind einfach ernst zu nehmen und mehr zu fördern.

Das Immunsystem ist multidimensional, als Aspekt des multidimensionalen Menschen zu betrachten. Der Placebo-Effekt wirkt stärkend, die Angst wirkt schwächend.

Impfungen entspringen dem sehr beschränkten *Gedankengut des materialistischen Weltbildes*. Sie greifen stofflich in den Körper ein, ohne dass wir die Mechanismen des Immunsystems wirklich verstehen.

Bei klassischen Grippeimpfungen wird ein sogenannter Immunverstärker mitgegeben, der allerhand Dreck, gar Gifte enthält, um die Immunabwehr anzuregen.

Bei mRNA-basierten Impfstoffen ist die Gefahr einer Autoimmunreaktion nicht zu unterschätzen. Die Lymphozyten, die zweite Reihe der Abwehr nach den Antikörpern, erkennt infizierte Zellen auf Basis ihrer Abfallprodukte. Die mit dem mRNA-Impfstoff „infizierten" Zellen liefern ähnliche Abfallstoffe wie eine mit dem Virus infizierte Zelle selbst.

Tests im Allgemeinen geben Licht ins Dunkle, müssen aber auch über die Stofferkennung hinausgehen. Ebenso hier gibt es schon viele Methoden, die mit der Anerkennung ringen.

Thema: Materialismus (zu überwinden)

Geistiger Aspekt	Seelischer Aspekt	Physischer Aspekt
Der Geist wird rein als Resultat von Gehirnvorgängen betrachtet.	Betrachtung der Emotion als reine Hormon-, Stoff- angelegenheit. Das Herz nur als Pumpe für den Blutkreislauf betrachtet.	Das Stoffliche gilt als das einzige, was existiert. Negierung der Form- und Bildekräfte (auch das Feinstoffliche genannt) und des Astralischen. Vitamine nur als Stoffangelegenheit betrachtet. Nur stoffliches Verständnis vom Immunsystem, vom Virus und Impfen auf rein stofflicher Basis als Heilmethode. Tests für die Diagnose beschränkt auf den Nachweis von Stoffen.

Der Materialismus muss überwunden werden. Techniken, die nicht oder nicht direkt auf den Stoff wirken, müssen ernst genommen werden und mit aller Kraft gefördert werden.

Als Informatiker sehe ich bei der *Homöopathie* die Wirksamkeit von Pflanzen in ihrem Programm, in ihrem Wesen, respektive Wesensaspekt, welches transportiert wird über den Träger des Wasser-Alkohol-Gemisches oder aufgeträufelt auf Milchzucker.

Der Träger entspricht der Hardware. Beim Einnehmen überträgt sich dieses Wesen auf den Körper.

Die Homöopathen können die Medikamente so hoch potenzieren, dass kein einziges Molekül mehr von der ursprünglichen Pflanze vorhanden ist. Es findet eine reine Wesensübertragung der Pflanze oder des Pflanzenteiles auf den Körper statt. Als reine Informationsübertragung ist dies für uns zu fassen.

Letzten Endes sind homöopathische Methoden auch zur Heilung der Erde anwendbar.

Thema: gesunde Gemeinschaft

Geistiger Aspekt	Seelischer Aspekt	Physischer Aspekt
Freiheit (im Geistesleben)	Gleichheit (im Rechtsstaat)	Brüderlichkeit (in der Wirtschaft)
Freies Denken Freier Glaube	Das Recht auf Gesundheit im Leben, im Dasein	Brüderlichkeit im Gesundheitswesen
Plattformen für konstruktive, gesund machende Gedankenbildung	Das Recht auf persönliche Entwicklung	
Plattformen für kraftgebenden, gesund machenden Glauben	Das Recht auf Wissen.	
	360 Grad abdeckende und neutrale Berichterstattungen in den staatlichen Medien	

Das heutige Wirtschaftssystem ist ein Affront gegen das, was es sein sollte: nämlich Brüderlichkeit. Neue Ansätze sind dort zu empfehlen, wo die Auswüchse des heutigen Systems klar sind.

Anlehnend an die Informatikbranche wäre die Möglichkeit, eine alternative *„Open Source"-Gesundheitsgemeinschaft mit Basis eines ganzheitlichen Menschenbildes* auf die Beine zu stellen und damit Heilmittelprodukte und Dienstleistungen frei, immer freier vom Profit anzubieten. Sie kann eine alternative weltweite Organisation werden oder bereits etablierte Systeme transformieren. Das Betriebssystem „Linux" lässt sich nicht unterkriegen von den kommerziellen Produkten. Dieser Vergleich möge Hoffnung geben.

Die „Open Source"-Gemeinschaft kann sich erweitern zu alternativen Krankenkassen und erweitern in die Bereiche der klassischen Pharmaindustrie hinein. Sie unterstützt und nutzt ganzheitliche Forschung auf Basis eines erweiterten Menschenbildes. Der entsprechende Geldhahn ist zu etablieren.

Im Hinblick auf die Ausbeutung unseres Planeten würde ich beim Erfindergeist des Menschen den Hebel ansetzen und die *guten Ideen* bis zur Manifestation begleiten, fortwährend den Rahmen dafür schaffen und halten.

Damit *üben und praktizieren wir die Brüderlichkeit* begleitend keimhaft, denn jedes Produkt urständet in einer Idee.

Thema: Geld

Geistiger Aspekt	Seelischer Aspekt	Physischer Aspekt
Energie, Preis für ein Produkt oder eine Dienstleistung	Energetischer Ausgleich der Tätigkeit Der gerechte Preis	Geld als Tauschmittel für Produkte

Die Kluft zwischen arm und reich ist riesig.

Es stellt sich die Frage, ob wir (vorerst) beschränkt für den Gesundheitsbereich neu anfangen wollen.

Das Recht auf Gesundheit und auf einen gewissen Lebensstandard gehören zu den Menschenrechten.

Dass die Pharmaunternehmen und andere sich nun eskalierend in der Pandemie die Taschen voll verdienen, ist ein Affront gegen die Brüderlichkeit. Die Balance muss hier gefunden werden, respektive der Riegel geschoben werden.

Die Impulse zu helfen sind lobenswert und müssen in die richtige Form, in die gesundende Form gebracht werden.

Thema: Steuern

Geistiger Aspekt	Seelischer Aspekt	Physischer Aspekt
Impulse, Kreativität zur Lenkung von Reformen auf Basis des Geldes	Werkzeug des Rechtsstaates	Beteiligung an der Infrastruktur
	Für eine ausgewogene Umsetzung von gesundenden Reformen sorgen	Begünstigung von gesundenden Produkten

Die Tabak- und Alkoholsteuer füllen die Staatskassen ohne, dass sich wirklich etwas ändert. Hier *fehlt der geschlossene Regelkreis zum Gesunden* hin. In der Regelungstechnik wird zwischen Steuern und Regeln unterschieden. Auf das entsprechende Wissen kann zugegriffen werden.

Das Eigeninteresse der Staatsorgane lässt sich damit nicht verhindern. Auch ist der Beigeschmack eines Ablassbriefes, eines Freikaufens von Schulden nicht loszuwerden. Mit den sogenannten Fördergeldern und Spenden ist mehr Freiheit verbunden.

Thema: Wissenschaft/Physik

Geistiger Aspekt	Seelischer Aspekt	Physischer Aspekt
Klärung der Geistkraft auf den Stoff zum Beispiel beim Denken	Das Seelische im Menschen und in der Welt erkennen	Forschen, was die Form- und Bildekraft ist
	Rhythmusforschung	Das Gedankengut von Albert Einstein überwinden
Klärung des Phänomens Licht und Liebe aus Sicht des Geistes	Das Prinzip der Resonanz	
		Einfluss des Lichtes auf die Materie wirklich verstehen, erkennen
Klärung der Kraft des Willens aus Sicht des Geistes	Klärung des Phänomens Liebe	
	Klärung des Phänomens der Empfindung	
Klärung des Ichs, des Geistes des Menschen.		Goethes Farbenlehre ernst nehmen, die weiterführenden Impulse darin erkennen
	Das Herz ganzheitlich erfassen	
Klärung des Schöpfers, des Gottesbegriffs		
	Klärung des Phänomens des SEINS	Materie als Ausfluss, Verdichtung des Geistes verstehen lernen
Spirituelle Physik		

Die *Physik* als Teil der *Wissenschaft* im Speziellen muss als Ganzes wieder menschlicher werden. Sie muss den Bezug zum Menschen finden, denn der Mensch ist multidimensional, der Mikrokosmos als Abbild des Makrokosmos, wie ich in vielerlei Hinsicht darlege, respektive andeute.

Der Einfluss des Geistes im Denken und in der Glaubenskraft auf die Materie müsste sich in den kleinsten Komponenten bereits zeigen. Diese dürfen nicht als störende Einflüsse negiert werden. Es ist ein Unterschied, ob ein Mensch oder ein Computer das Experiment durchführt. Das Denken schafft Klarheit und ist verwandt mit dem Lichte im geistigen Sinne.

In den Lichtphänomenen möchte ich an die Lichtversuche mit dem Glasprisma im Sinne von Johann Wolfgang von Goethe erinnern. Anstelle eines Lichtspaltes als Quelle kann man zum Beispiel den Schatten eines Zahnstochers verwenden und findet dabei sehr interessante Kontrastphänomene, die unter anderem das Farbenspektrum über das Magenta hindurch zeigen. Dies ist komplementär zum Durchgang im Grünen bei Verwendung eines Lichtspaltes. Das Licht ist weder ein Teilchenstrom noch eine Welle. Das Licht ist im Hinblick von Goethes Experimenten auch nicht Farbe. Diese Entitäten sind alles *Erscheinungsformen* im *Wechselspiel* des Lichts mit der Materie.

Ich persönlich sehe ebenso den Schatten als Resultat des Wechselspiels des Lichtes mit der Materie. Ohne Materie kein Schatten. Voraussetzend dabei ist, dass das Licht bereits vor der Materie existierte.

Mit meinem bewussten SEIN kann ich den Prozess im aktuellen Denken bis zu den Produkten des Gedachten verfolgen und bekomme meine Sicherheit im Verständnis von Gegenwart und Vergangenheit. Auch kann ich den Verdichtungsprozess vom Geiste bis zur Materie hin nachvollziehen oder er erscheint mir zumindest plausibel. Damit komme ich zu einem Materienverständnis, als eine Verdichtung aus dem Geiste heraus, aus Licht und Liebe heraus.

Aus diesen Gesichtspunkten heraus sind wir mit dem festen Standpunkt des eigenen Denkens dabei, den Relativitätstheorien in ihren Vorstellungen von Raum, Zeit, Materie und Licht etwas entgegenzusetzen. Wir sind von einer neuen gesunden Seite im eigenen Bewusstsein näher an dem *Wesen* dieser Entitäten.

Bei der *Schwerkraft der Materie* sollten wir die *Leichte* im Nicht-Materiellen finden. In der belebten Natur sind Zeichen zu finden.

Die Form- und Bildekraft finden wir im Außen beim *Wachstum der lebenden Organismen* und in uns drinnen *beim aktuellen Denkprozess,* wenn er sich allmählich vom stofflichen Gehirn loslösen, befreien kann.

Thema: Patente

Geistiger Aspekt	Seelischer Aspekt	Physischer Aspekt
Diejenigen Ideen fördern, die zum Wohle des Ganzen dienen	Ideen befreiend, erlösend, friedensstiftend, ausgewogen zum Wohle des Ganzen einsetzen lassen	Unterstützung in der Verwirklichung der Ideen zu entsprechenden Produkten, die dem Wohle des Ganzen dienen

Patente besitzen ein Ablaufdatum, was bei weitem nicht den Missbrauch verhindert. Hier Reformen durchzusetzen, beginnend beim Gesundheitssektor, wäre ein Kraftakt, weil die Dominanz im jetzigen Wirtschaftssystem, hier repräsentiert durch die Pharmakonzerne, immens ist.

Das Patentrecht könnte kontrolliert, weiter beschränkt oder in Notsituationen gar aufgehoben werden, um der durch das System bedingten unermesslichen Gier entgegenzuwirken.

Auch ist es schade zu hören, dass wertvolle Erfindungen schubladisiert werden, um sich den „Markt" aus egoistischen Motiven heraus zu sichern. Ein brachliegendes, nicht genutztes Patent sollte wieder entzogen werden.

Eine Möglichkeit wäre, explizit einen „Open Source"-Bereich einzuführen, für Patente, die zum Beispiel beschränkt im Gesundheitsbereich im weitesten Sinne des Wortes verfügbar sein sollen und durch die Deklaration einen zusätzlichen *Schutz vor Missbrauch* erhalten.

Der moralische Zeigefinger der sozialen Gemeinschaft kann platziert werden. Es kann definiert werden, in welchen Bereichen die Erfindung sich manifestieren darf.

Thema: Informatik/Digitale Welt

Geistiger Aspekt	Seelischer Aspekt	Physischer Aspekt
Eine Welt auf Basis von Zahlen	Vermittler zwischen den Benutzern, Telekommunikation	Hardware auf Basis der physikalischen Vorstellungen
Das Programm als Gedankenpapagei des Programmierers	Speicherung und Abrufen von Musik, Bilder in uns aus der Konserve	Kabellose Anwendungen produzieren Smog
Künstliche Intelligenz ohne ICH, als Papagei der Programmierer, der Anwender und ihres Einsatzumfeldes	Gestaltung mit den verfügbaren Werkzeugen und Darstellungsmöglichkeiten	Werkzeuge, Produkte des täglichen Bedarfs in der digitalen Welt
Speicherung von Wissen, von Gedachtem, von vergangenem Denken	Digitale Spielwelt	Automaten, wie zum Beispiel die Suchmaschinen
Schulung der Verbundenheit der Menschen durch Feedback in der digitalen Vernetzung „Interessant. Ich habe auch gerade an Dich gedacht."	Sture Algorithmen ohne Gnade, die fortwährend zu überarbeiten sind	Die digitale Welt als Abbild der physischen Welt
Rasches Umsetzen von Ideen, Training der Intuition	Der Quarz als starrer Taktgeber für die Programme. Analoges Auswerten und Abbild der Welt wird angestrebt durch höchstmögliche Taktraten	Ein digitaler Körper für jeden Teilnehmer, auch Konto, Profil oder Avatar genannt
„Die 2. Verführung", „der Baum der digitalen Welt", aber auch der Mensch als Schöpfer einer neuen Welt	Das Vermitteln von Herzenswärme ist eine Herausforderung, doch lieben die Benutzer ihr Handy	Login = Inkarnation Logout = Exkarnation
		Der implantierte Chip oder der digitale Pass als Aufzwingen eines verbindlichen, nicht mehr verlassbaren digitalen Körpers oder Identität für die digitale Welt
		Die Möglichkeit einer totalen, nicht mehr entrinnbaren Kontrolle

In der *Informatik* sind die genannten Aspekte möglichst ausgewogen dargelegt. Inwiefern sie gesund sind, zeigt sich in ihren Früchten.

Hier ist ein neu entstandenes Gebiet der Welt zu erkennen, welches es jeweils gemeinschaftlich zu regeln gilt. Entsprechend sind Freiheit, Gleichheit und Brüderlichkeit als Regeln in einer sozialen Gemeinschaft anzuwenden.

Wir finden einen Übungsplatz vergleichbar mit dem Sandkasten für die Kinder. Hier entsteht auch Zukünftiges der physischen Realität, wo wir frühzeitig daraus lernen und entsprechend gesundend eingreifen können.

Die digitale Welt ist kein Ersatz für das Leben in der physischen Welt. Sie ist kristallin voller Schalter und voller Automaten, der eigens erzeugten Entitäten. Die Pflanzenwelt ist die nächsthöhere Stufe, die sich vom Mineralischen, Kristallinen abhebt.

Philosophisch betrachtet können wir einen Rückschluss ziehen. Die Geburt in unser Leben kann als ein „Login" in unsere Erkenntniswelt aufgefasst werden, die wir beim Tod als „Logout" verlassen. In dem Sinne ist die digitale Welt konsequent ein Bild oder ein Spiegelbild unserer „realen" Welt.

Wir müssen bedenken, dass wir Menschen schöpferische Wesen sind, die sich in der Entwicklung befinden und vielen möglichen Irrtümern ausgesetzt sind.

Was hier gesund ist, was nicht, wird uns beschäftigen. Das eine ist zu fördern, anderes ist zu verhindern.

Auch hier ist der Ratschlag, auf das Herz zu hören, zu platzieren. Die Angst ist kein guter Ratgeber, wohl aber die Wachsamkeit in unserem Tun.

Thema: Technik

Geistiger Aspekt	Seelischer Aspekt	Physischer Aspekt
Das Erfindertum, der Ingenius, der Ingenieur, der Architekt	Die Schönheit, die Zufriedenheit des Erfinders und des Benutzers, die Qualität	Werkzeuge, Produkte, Methodiken
Das Denken, der kreative Denkprozess	Das Rad in Bewegung, zyklische Bewegungen, zyklische Prozesse	Die Form, Gedachtes
Der Mensch als Schöpfer	Musikinstrumente auf Basis der Resonanz	Maschinen, (Musik-) Instrumente
	Der „Wesenskern" des Produktes	

Auch die *Technik* oder die *Technologien* an sich sind ein weiterer Themenkreis, welcher der Schöpferkraft des Menschen entspringen. Ebenfalls hier liegen gute Möglichkeiten, den Hebel gesundend anzusetzen. Zum Beispiel die Produkthaftung spiegelt eine solche Möglichkeit wider.

In der *Umwelttechnik* liegt das größte Potenzial, um innovativ aus unserem Schlamassel, den wir auf unserem Planeten verursacht haben, wieder herauszufinden.

Ein ernst gemeinter Ratschlag ist es zudem eine nicht-stoffliche *homöopathische Technik* zu entwickeln, die den Hebel in den Kreisläufen, in den Form- und Bildekräften der Natur ansetzt. In der biologisch-dynamischen Landwirtschaft werden solche Wege bereits beschritten.

Thema: Kunst

Geistiger Aspekt	Seelischer Aspekt	Physischer Aspekt
Künstler als ICH-BIN-Repräsentant, dank Schulung in Intuition, Inspiration, Imagination	Die Sprache von Herz zu Herz Von Seele zu Seele	Manifestation des Erschaffenen auf beliebigem physischen, auch digitalen Träger

Die *Kunst* erreicht unseren Geist und unsere Herzen mit neuen Impulsen. Ich möchte hier noch einmal auf den Erkenntnisweg und den Herzensweg hinweisen.

Thema: Erde

Geistiger Aspekt	Seelischer Aspekt	Physischer Aspekt
Die Erde als Wesen mit eigenem Bewusstsein betrachten, gar wahrnehmen Eine eigene Stimme geben, gar Ihre Stimme hören	Ein Herz für die Erde fördern Rhythmen erforschen Ein Stethoskop für das Herz der Erde entwickeln Die Rechte der Erde berücksichtigen, für die Erde einstehen, bevor Sie es selbst tut oder tun muss	Verfolgung der Stoffe und Prozesse, Ökologie Feinstoffliche, ätherische Aspekte erkennen Homöopathische Ansätze zur Heilung verwenden

Die *Erde* ist als Wesen zu begreifen und als solches zu würdigen, wie wir selbst. Hier müssen wir für den gesundenden Ausgleich sorgen.

Dies geht am besten über Innovationen in der Technik, eine bereits erwähnte homöopathische Technik, mit einem erweiterten Physikverständnis und in einer konkurrenzfreien Zusammenarbeit, anstelle dass wir uns im selbst erzeugten Mangel und im Egoismus gegenseitig zerfleischen.

Wenn wir den Hebel in der Reform zur Gesundheit hin ansetzen, sind wir moralisch produktiv und erzielen in der Gemeinschaft einen maximalen Fortschritt.

KAPITEL SECHS

Perspektiven des Vaterunsers

Das multidimensionale Menschenbild
im Vaterunser

Nach Rudolf Steiner (siehe [3], GA 96, im Vortrag vom 28. Jan. 1907) verbirgt sich im christlichen Gebet des Vaterunsers, so wie es vom Christus Jesus – diese Reihenfolge der Bezeichnung wurde von Rudolf Steiner so gewählt – gegeben wurde, ein siebengliedriges Menschenbild.

3 höhere Glieder des ewigen Menschen sind in uns als Anlage vorhanden, welche wir aus unserem Ich heraus immer weiter entwickeln können.

Wesensglied	Textpassage im Vaterunser	Bedeutung
Atma – Den Geistesmenschen	Wille – Dein Wille geschehe	Das Wollen ist das höchste göttliche Prinzip im Menschen. Es ist beim Menschen in seiner inneren Wesenheit noch am schwächsten ausgebildet. Göttlicher Wille schöpft das Universum. Dies ist zu verstehen als ein sich totales Hingeben und Hinübergehen des eigenen Seins Gottes, als großes Opfer, totales Ausfließen an sein eigenes Spiegelbild, sodass dieses sein eigenes Leben wird. So wird das Universum geschaffen, das seine Aufgabe durch des Schöpfers Wesen selbst erhält.

| Budhi -
Den Lebensgeist | Reich -
Zu uns komme Dein Reich | Das Reich ist das geschaffene Spiegelbild selber, das Universum.

Der Spiegel ist als Hohlkugel zu greifen, der das Zentrum des Gotteswillens spiegelt.

Das Reich ist der Träger des Willens.

Ursprung der moralischen Phantasie |
| Manas -
Das Geistselbst | Name -
Geheiligt werde Dein Name | Die Mannigfaltigkeit des Reiches spiegelt sich in jedem einzelnen Wesen, wie Mineral, Pflanze, Tier und Menschen, das Wesen Gottes. Durch Namen, Begriffe, Ideen werden die Einzelheiten der Mannigfaltigkeit unterschieden. Im Göttlichen stellt es sich als Name dar.

Das höhere reine Denken urständet. |

Diese drei höheren Glieder des Menschen sind ein individualisierter Tropfen aus der Gottheit selbst.

4 Glieder des vergänglichen Menschen können als vier Teile der göttlichen *Natur* angesehen werden.

Wesensglied	Textpassage im Vaterunser	Bedeutung
Ich	Übel – Erlöse uns von dem Übel	Der Egoismus. Das Begehen von Fehlern, Sündigen. Der verselbständigte göttliche Tropfen aus dem göttlichen Schoß heraus ins Gefäß der menschlichen Natur. Die Selbständigkeit des Ich konnte nur durch Selbstsucht entstehen. Sie wird sich zur Grundeigenschaft der Selbstlosigkeit weiterentwickeln.
Astralleib	Versuchung – Führe uns nicht in Versuchung	Träger von Trieben, Begierden Leidenschaften. Träger von Freude, Leid, Lust und Schmerz. Der Minutenzeiger der Uhr.

Ätherleib oder Lebensleib	Schuld – Vergib uns unsere Schulden, wie auch wir vergeben unseren Schuldigern	Träger, Bewahrer der länger andauernden seelischen Eigenschaften. Diese sind Temperamente, Gewohnheiten, Neigungen. Im Außen hängen diese mit den Gewohnheiten, Temperamenten und Neigungen des Zeitalters, der Völker und der Familie zusammen. Aufrechterhaltung des Zusammenlebens in der Gemeinschaft durch entsprechenden Ausgleich. Der Stundenzeiger der Uhr.
Physischer Leib	Unser täglich Brot gib uns heute	Fortwährender stofflicher Austausch. Genommener stofflicher Teil unseres Planeten, der wieder abgegeben wird.

Die vier niederen Glieder bilden ein Schwämmchen, welches den Tropfen der Gottheit aufnimmt.

Was in eher östlichen Kulturen in der Meditation erstrebt wird,
geht beim Christentum über das Gebet.

Die sieben Bitten des Vaterunsers beziehen sich auf die sieben einzelnen Glieder des zu seinem Gotte erhebenden Menschenlebens.

Niemals könnte der Mensch diese Vereinigung mit seinem Gotte erreichen, niemals mit den höheren geistigen Strömungen in
Verbindung kommen, wenn er nicht selbst Ausfluss dieser gött-
lich-geistigen Wesenheit wäre.

Die nachfolgende Tabelle ist eine Zusammenfassung aus dem Bu-
che Theosophie (siehe [2]), Kapitel „Das Wesen des Menschen“).
Sie mag hier als Orientierung in den Zusammenhängen und Be-
zeichnungen dienen.

9-gliedriger ganzer Mensch	7-gliedriger irdischer Mensch	Das ICH in den 3 Welten	Das ICH in den 3 Welten als Baum im Vergleich	Die Aufnahme des Geistes im ICH verwandelt den Körper
Physischer Leib	Physischer Leib	Körper	Wurzel	Physischer Leib
Äther- oder Lebensleib	Äther- oder Lebensleib	Körper	Wurzel	Lebensleib
Seelenleib	Der empfindende Seelenleib	Körper	Wurzel	Astralleib
Empfindungsseele	Der empfindende Seelenleib	Seele	Stamm	Astralleib
Verstandesseele	Die Verstandesseele	Seele	Stamm	ICH als Wesenskern
Bewusstseinsseele	Die geisterfüllte Bewusstseinsseele	Seele	Stamm	ICH als Wesenskern
Geistselbst	Die geisterfüllte Bewusstseinsseele	Geist	Blüte	Geistselbst als verwandelter Astralleib
Lebensgeist	Lebensgeist	Geist	Blüte	Lebensgeist als verwandelter Ätherleib
Geistesmensch	Geistesmensch	Geist	Blüte	Geistesmensch als verwandelter physischer Leib

Im irdischen Menschen sind Seelenleib und Empfindungsseele eine Einheit. Auch bilden Bewusstseinsseele und Geistselbst
hier eine Einheit.

In der Seele blitzt das ICH auf und wird zum Träger des Geist-
menschen. Damit nimmt er in den drei Welten, der physischen
(Der Wurzel), der seelischen (dem Stamm) und der geistigen
Welt (blüht in sie hinauf), teil.

Das Ich leuchtet in der Bewusstseinsseele auf und nimmt in der
ganzen Seele Platz, wobei die Empfindungsseele stark mit dem
Seelenleib verbunden ist. Daher lassen sich Bewusstseinsseele,
Verstandesseele und das Ich als Wesenskern gemeinsam als ICH
bezeichnen und die Empfindungsseele mit dem Seelenleib als
Astralleib zusammenfassen.

Weiter wird von einem sich entwickelnden Geistkörper gesprochen, der sich aus den 3 höheren Gliedern zusammensetzt und
sich durch die Umwandlung der drei niederen Glieder Astralleib,
Ätherleib und des physischen Leibes herausbildet.

Ich gehe davon aus, dass dieser Geistkörper, zumindest im Anfang seiner Entwicklung, identisch ist mit der Bezeichnung des
Lichtkörpers in der Esoterik. Bei dem Begriff der Frequenzer-
höhung des Körpers gehe ich von dem Grad der Durchgeisti-
gung des Körpers aus.

Öfters wird auch von einem sich entwickelnden Kristallkörper
gesprochen. Der physische Körper wird immer mehr durchlich-
tet und wird mit den rein physischen Sinnen immer unsichtba-
rer. Soweit meine persönlichen Vorstellungen dazu.

Die ICH-BIN-Transformation des Vaterunsers

Zur Abrundung ist hier auf die einzelnen Passagen des „Geliebtes ICH BIN"-Meditationstextes eingegangen:

Textpassage im Vaterunser	Textpassage im Geliebten ICH BIN	Erläuterung
Unser Vater im Himmel	Geliebtes ICH BIN	Der Blick geht nach innen zum eigenen Wesenskern, dem ICH. Der Zusatz BIN deutet auf den SEIN-Zustand hin, den es anzusprechen gilt. ICH BIN hat mit Christus zu tun, wie wir dies in den Worten des Johannesevangeliums erhören können. ICH BIN kann auch als der Name von Christus schlechthin betrachtet werden (siehe [4]). Der SEIN-Zustand ist sehr weiblich erlebbar. Daher ist der grammatische Artikel als ungeschlechtlich gesetzt.

Geheiligt werde Dein Name	Königlich und herzerwärmend erwacht und strahlt mein Wesen	Um dem Namen noch mehr Kraft, mehr Leben zu geben, ist der Wechsel zum Wesen gewählt. Als König im Geistaspekt und übers Herz in der Seele führen wir das ICH BIN zur Geburt in uns und beginnen zu strahlen
Dein Reich komme	Mein Selbst verwirklicht sich	Gottes Reich kommt, indem wir uns selber verwirklichen. Hierin liegt die Grundidee der ICH-BIN-Transformation des Vaterunsers. Mit dem Selbst sprechen wir den Geistesmenschen an, unsere Vollendung, die wir anstreben.
Dein Wille geschehe	Meine Herzenswünsche erfüllen sich	Das Herz gibt dem Wunsch eine moralische Instanz. Herzenswünsche sind im Einklang mit dem Weltenganzen, mit Gott.
Wie im Himmel	Durch den Ursprung wirkend	Im Ursprung urständet die Schöpferkraft, die in uns wirkt.

So auf Erden	Im Innen und Außen meiner Lern- und Erfahrungswelt	Die Erde ist der Ort unserer ICH-Entwicklung. Von innen und von außen werden wir geführt, vor Prüfungen und Proben gestellt. Wir nehmen wahr, denken, erkennen und handeln. Wir können lernen und erfahren.
Unser tägliches Brot gib uns heute	Meine Bedürfnisse stillen sich im Glück, im sprudelnden SEIN	Unter Brot werden neben der physischen Nahrung auch die seelische und geistige Nahrung angesprochen. Glück ist der Zustand, in dem ich mit der Fülle der geistigen Welt verbunden bin, die fortwährend Hilfe zu uns strömen lässt. Das SEIN ist schöpferisch und Fülle, urständet in der Quelle, dem Ursprung.

Und vergib uns unsere Schuld	Ich befreie mich von Schuld und Zwang in Gedanken und Gefühlen	Denken, Fühlen und Wollen sind angesprochen. Das Wollen liegt in der Befreiung von der Schuld, die vergangenheitsorientiert ist, und von dem Zwang, der eher zukunftsorientiert ist.
So wie auch wir vergeben unseren Schuldigern	Verzeihe mir und meinen Mitmenschen	Die Verzeihung ist im gleichen Sinne angesprochen. Ich muss mir selber meine Taten verzeihen können. Im Inneren bin ich, wie jeder Mensch, mit dem ICH BIN als moralische Instanz verbunden.
Und führe unser nicht in Versuchung	Ich bin beschützt und begleitet auf meinem Wege	Der Schutz wird als positive Formulierung angesprochen, damit wir stark bleiben gegenüber den Versuchermächten. In unserem ICH BIN liegt die Kraft.

Sondern erlöse uns von dem Bösen	Wirke im Jetzt, Erkenne meine Fehltritte, Hindernisse und Blockaden, schreite intuitiv, situativ voran und erfülle meine Berufung	Im JETZT bin ich im SEIN und bekomme Abstand, den Überblick der jetzigen Situation. Ich erkenne, was mich blockiert, und immer mehr, wie es zum jetzigen Zustand gekommen ist. Ich bekomme Intuitionen, Impulse aus der geistigen Welt, situationsgerecht, um frei vorwärtszuschreiten, wohin ich mich von Herzen berufen fühle. Damit baue ich die gewünschte Zukunft, die im Sinne des Weltenganzen ist.
Denn Dein ist das Reich	Denn ICH BIN durch Christus	ICH BIN durch die Ermöglichung, durch die Verbundenheit mit Christus. Damit bin ich Teil von Gottes Reich in der Einheit.
Und die Kraft und die Herrlichkeit	In Gottes Kraft und Fülle	Die Vereinigung mit Gott lässt mich mit dessen Schöpferkraft seines Reiches, der Fülle teilhaben.

In Ewigkeit	In jedem Augen-blick, der ewig ist	In jedem Augenblick der Verbundenheit bin ich und erschaffe ich meinen ewigen Aspekt meines Daseins.
Amen	So sei es	An meine Willenskraft appelliere ich. Dieses Ideal solle sich immer mehr in mir manifestieren. Dieses Ideal des ICH BIN anzustreben ist männlich. Im Ideal des ICH BIN zu sein in der Hingabe ist weiblich.

Schlusswort

Nun sind wir am Ende unserer Reise. Es steht dem Leser offen, diese zu wiederholen oder einfach einzelne Abschnitte daraus zu besuchen.

Wie wollen wir diese Reise nennen? Ich nenne sie eine Erkenntnisreise, im Speziellen eine Selbsterkenntnisreise oder schlicht eine ICH-BIN-Reise. Eine Reise zum gemeinsamen SEIN.

Eine Reise, die Sie als Leser gerne weiterempfehlen können. Damit werden die Botschaften verbreitet, und es hilft die enthaltenen Ideen zu verwirklichen.

Wir haben aus meiner Sicht einen Einblick in den göttlichen Weltenplan, in dessen Zusammenhänge, dem es zu dienen, glückselig macht. Mir erging es so während des Schreibens.

Ich bitte den Leser darum, dass alles in Liebe, in Freiheit und im Verständnis der Freiheit des anderen verwendet wird, denn darauf beruht dieses Gedankengut.

**Das Reich Gottes kommt.
Die ICH-BIN-Transformation ist der Weg.**

So sei es

Als Autor bedanke ich mich herzlich bei dem Leser.

Feedbacks sind willkommen. Sie fließen in neue Auflagen des Buches oder in neue Bücher ein. Auf einen Besuch auf meiner

Homepage würde ich mich freuen:
https://dasbewussteschoepfersein.ch

Auch ist der Meditationstext für den privaten Gebrauch verfügbar, um ihn zum Beispiel als Bild einzurahmen:
https://geliebtesichbin.ch

Literatur

[1]

Rudolf Steiner, Philosophie der Freiheit, GA 4, Rudolf Steiner Verlag, Dornach, 2005

[2]

Rudolf Steiner, Theosophie – Einführung in übersinnliche Welterkenntnis und Menschenbestimmung, GA 9, Rudolf Steiner Verlag, Dornach, 1994

[3]

Rudolf Steiner, Ursprungsimpulse der Geisteswissenschaft, (GA 96, im Vortrag vom 28. Jan 1907), Rudolf Steiner Verlag, Dornach, 1989

[4]

Sergej O. Prokofieff, Was ist Anthroposophie?, Verlag am Goetheanum, Dornach, 2004 – im Speziellen Kapitel 5, Das Wesen des Christus und das Geheimnis des Menschen

[5]

Gerhard Mersmann, Die Vorbereitung des Michaelzeitalters in der Geistwelt, Lea Kym Verlag, Winterthur, 1995
Interessant dessen Literaturverweise:
- Rudolf Steiner, Esoterische Betrachtungen karmischer Zusammenhänge. Dritter Band, 7. Vortrag, GA 237, Rudolf Steiner Verlag, Dornach
- Rudolf Steiner, Anthroposophische Leitsätze, GA 26, Rudolf Steiner Verlag, Dornach
- Rudolf Steiner, Die Apokalypse des Johannes, GA 104, Rudolf Steiner Verlag, Dornach

[6]

Jaap van de Weg, Vom Sinn der Hindernisse – Einweihungsmotive im täglichen Leben, Verlag Urachhaus, 1999

[7]

Jaap van der Weg, Hinter dem Schleier – Meditation für Einsteiger, Verlag Urachhaus, 2007

[8]

Eckhart Tolle, Jetzt! Die Kraft der Gegenwart, J. Kamphausen Verlag, Bielefeld, 2001

[9]

Erika Grazia Landert, Der feinstoffliche Krieg – Vom Umgang mit (Fremd-) Energien, Oratio Verlag, Schaffhausen, 1998

[10]

Silvia Kost, Das Arkanum Gottes, Printsystem Medienverlag, Heimsheim, 2012

[11]

Rudolf Steiner, Hellsehen und Einweihung – Drei Vorträge, Verlag Freies Geistesleben, 1999

[12]

Das Evangelium nach Johannes, Verlag der Kooperative, 1993
Übertragen durch Bernd Lampe aus dem griechischen Urtext.

[13]

Das neue Testament, Verlag Urachhaus, Stuttgart, 1987
In der Übersetzung von Emil Bock
Das Vaterunser-Gebet ist zu finden unter Matthäus 6,9-13 und Lukas Evangelium 11,2-4

[14]

V.u.W. Scharnowell, von Newton zu Goethe, Verlag die Pforte, Basel, 1973

[15]

Rudolf Steiner, Geisteswissenschaftliche Impulse zur Entwickelung der Physik, Erster naturwissenschaftlicher Kurs, Rudolf Steiner Verlag, Dornach, 1987

[16]

Peter Sachtleben, Mit den Augen denken lernen – Einführung in die Naturstudien Goethes, Novalis Verlag, 1994

[17]

Zeitschrift, raum&zeit – Die neue Dimension der Wissenschaft, Ehlers Verlag GmbH, Wolfratshausen, https://www.raum-und-zeit.com/

[18]

Max Egli, Gedanken eines „Öko-Terroristen", Tredition GmbH, Hamburg, 2020

[19]

Anthrowiki, https://anthrowiki.at/Hauptseite, 13.4.2021
- Stichwort „Hellsehen", https://anthrowiki.at/Hellsehen – Im Speziellen: Zitat R. Steiner aus GA 154, S. 121
- Stichwort „Herzdenken", https://anthrowiki.at/Herzdenken
- Stichwort „Herz", https://anthrowiki.at/Herz
- Stichwort „Mathematik", https://anthrowiki.at/Mathematik
- Stichwort „Nebenübungen", https://anthrowiki.at/Nebenübungen
- Stichwort „Dreigliederung des sozialen Organismus", https://anthrowiki.at/Dreigliederung_des_sozialen_Organismus

[20]

Arthur Brühlmeier – Arbeiten über Johann Heinrich Pestalozzi, http://www.bruehlmeier.info/pestalozzi.htm, 13.4.2021

[21]

Heinz von Foerster, Bernhard Pörksen, Die Wahrheit ist die Erfindung eines Lügners – Gespräche für Skeptiker, Carl-Auer Verlag, 12. Auflage 2019

[22]

Kurt Tepperwein – „Treten Sie bewusst ein in den Mastermind", Youtube Video, 12.02.2021
https://www.youtube.com/watch?v=zDy0ouIgXuo

[23]

Nancy Holten – „Urtvertrauen aktivieren", Youtube Video, 31.03.2020
https://www.youtube.com/watch?v=WcWVzJenTAQ

Der Autor

Wolfgang Müller studierte Elektrotechnik an der ETH Zürich und promovierte 1989 als dipl. Elektroingenieur ETH. Später absolvierte er ein Ergänzungsstudium MIO (Mensch, Informatik, Organisation) – Systemisches Management von komplexen IT-Projekten. Vor 30 Jahren begann er im Informatikbereich mit Fokussierung auf Embedded & Realtime Software in der Industrie; vor 10 Jahren fing er zudem an, in der Pharmabranche tätig zu sein. 2014 gründete er seine eigene Firma. Er bezeichnet sich als ein aktiver Teilnehmer der Lebensschule und ist privat unter anderem bei den Anthroposophen (in Arbeitskreisen für Physik und Technik) aktiv. Als Vater von vier Kindern wohnt Wolfgang Müller in Olten in der Schweiz.

Weitere Informationen finden sich unter: https://mueller-mindway.ch